乐活·当下

LOHAS

简·单

阮芳 编著

山东大学出版社

图书在版编目(CIP)数据

简·单/阮芳编著.—济南:山东大学出版社,
2015.10
(乐活·当下)
ISBN 978-7-5607-5301-0

Ⅰ.①简… Ⅱ.①阮… Ⅲ.①生活方式—通俗读物
Ⅳ.①C913.3-49

中国版本图书馆CIP数据核字(2015)第142742号

责任策划:徐琳琳 郑琳琳
责任编辑:徐琳琳 郑琳琳
封面设计:张 荔

出版发行:山东大学出版社
社 址 山东省济南市山大南路20号
邮 编 250100
电 话 市场部(0531)88364466
经 销:山东省新华书店
印 刷:济南华林彩印有限公司
规 格:700毫米×1000毫米 1/16
8.5印张 83千字
版 次:2015年10月第1版
印 次:2015年10月第1次印刷
定 价:24.00元

版权所有,盗印必究

凡购本书,如有缺页、倒页、脱页,由本社营销部负责调换

PREFACE

前言

有这样一群人，他们关心生病的地球，也担心自己生病，于是发起了一种新的生活运动。他们吃健康食品，穿天然材质的衣物，使用二手的家居用品；他们骑自行车或者步行，练瑜伽健身；他们注重个人成长，听心灵音乐……他们希望以此让自己变得心情愉悦，身体健康，光彩照人。

乐活，就是这样一种追崇身心健康、快乐、环保、可持续的时尚生活的理念与方式，由“LOHAS”音译而来。“LOHAS”是英语“Lifestyles of Health and Sustainability”的缩写，意为健康及自给自足的生活形态。无论是生活方式上的低碳环保，还是心灵深处的静心修炼，乐活都如同清新的空气，给我们当下快节奏、高强度、大压力的生活增添了更多盎然的生机和绿意。崇尚乐活、热爱生活的“乐活族”应运而生。

“当下”则是佛经里讲的最小时间单位。1 分钟有 60 秒，1 秒钟有 60 个刹那，1 刹那有 60 个当下。也就是说，1 秒钟就是 3600 个当下。把时间切到很小很小的单位，当下就是永恒。后来，“当下”这个佛教用语，就被广泛借用于民间了。

于丹说，我们在这个世界上承担重任时，不应像一个苦行僧那样去忍辱负重，而应该快乐地举重若轻。同样是重，为啥不轻盈地把它举起来呢？生命有诸多不如意，人能活着感觉到的就只有当下。我们要把握当下美好的日子，享受当下的每一个时刻；我们要扼住那些倒霉的日子，把它变得美妙起来。我们要果敢地去追求幸福，活着一日就要幸福一日。

乐活，就要在当下！

“乐活 · 当下”就是这样一套让你每日都乐活的智慧幸福书系，它让你在每一篇小故事中获得很大的幸福。降低自身的欲望，放慢生活的节奏，平缓自己的呼吸，减少浮躁的行动，逐渐体验当下的慢生活、简单生活、宁静生活与悠闲生活的价值与趣味。让笑容回归，让灿烂重现。

乐活在当下，恬淡是首先要做到的事情。然而喧嚣的世界，怎么能容许我们恬淡自在呢？除非我们真的有勇气拔掉插头，不看电视，不听音乐，不上网，不驾车，真正探寻自己内心需要的东西，不依赖于物质，不受诱惑，给欲望一个合适的距离，才不会随波逐流，被物欲扰乱本性，在世俗中迷失自己。非如此，无以恬淡。幸福生活并不是让我们躲进空门，远离尘世。空门不是幸福的终点，尘世亦非万丈深渊。

快乐幸福的生活有时候真的很简单，即不被物欲所累，生活淡泊质朴，心境平和宁静。幸福，人人触手可及，在任何时候都可以“光临”我们。只要我们能做到——恬淡为上，由纷繁复杂回归简单质朴，自在于自然的本相，懂得给欲望一个适当的距离。

乐活在当下，就是每一个人幸福生活的开始。

编者

2015 年 10 月

CONTENTS

目录

第一章

简单生活，就是忘记“我”

◎ 什么是我所有的
◎ 两只手所能拿的
◎ 刚刚好就可以了
◎ 那么迷信“我”吗
◎ 忘掉“我”的利益
◎ 放弃“我的钥匙”
◎ 换个角度即可“忘我”

1858年,一个小女孩降生在瑞典的一户富豪家里。不幸的是,这个小女孩出生不久就患上了一种医学无法解释的瘫痪症,这种病症使她丧失了走路的能力。

一次,女孩的家人带着她一起乘船旅行。船长的太太对女孩很温和,她跟女孩说船长有一只美丽的天堂鸟。女孩被船长太太描述的天堂鸟迷住了,极想亲眼看一看。她把这种想法告诉了自己的保姆,保姆便把女孩留在甲板上,自己去找船长。可是,保姆去了很久都没有回来,女孩等得不耐烦了,她要求船上的服务生立即带她去看天堂鸟。服务生答应了女孩的要求,他只顾带着女孩一道去看那只美丽的小鸟,忘记了女孩不会走路的事实。这时候,奇迹发生了,女孩因为过度渴望看到那只美丽的天堂鸟,竟忘我地拉住服务生的手,慢慢地走了起来。这一次走路,给了女孩一个很好的开始。从此,女孩的病慢慢痊愈了。春去秋来,女孩长大了,她又忘我地投入到文学创作中,最后成为第一位荣获诺贝尔文学奖的女性,这个女孩就是茜尔玛·拉格萝芙。

人们一直在寻找获得成功的方法,而"忘我"是其中重要的一种。只有做到忘我,人才能超越自身的束缚,释放出巨大的能量。

什么是我所有的

“我是贫穷的托钵僧。我有纺车、教养院的饭钵、羊奶罐、几条破旧的毛毯、毛巾以及再普通不过的板凳，仅此而已。”

这是甘地 1931 年 9 月在前往伦敦参加第二届圆桌会议途中对海关官员申报自己携带的物品时所说的话，出自 K. 克里帕拉尼所写的《甘地语录》。

甘地把“我”有的东西最大化地还给社会，不执着于一个“我”字。在甘地的世界里，人与其他物种是完全平等的。为了生存、繁衍，各个物种在大自然中各取所需，和谐相处。个人应该反思自己的需求，了解他人和其他生灵最基本的生存需要。

从前，有一个国王与大臣出巡，路过一个地方，看到几棵树上结满了又红又大的苹果，特别诱人。但由于时间关系，国王不便停下来去摘苹果，于是他在心里盘算：等到回来的时候要好好地品尝几个。

然而，走在后面的大臣却不顾国王的命令，偷偷找来了许多棍子，拍打枝叶，采摘苹果。走的时候，他们还粗鲁地将树枝打折，树叶散落得满地都是，果树就这样被他们摧毁了。

国王并不知道大臣做的事情，还在心里想念着美味的苹果。等到他再次来到苹果树下的时候，却只看见了散落满地的树叶，一个苹果都没有了。看到这样的情形，国王又愤怒又失望。

就在失望的时候，他看到其中一棵果树居然完好无损，觉得很奇怪。仔细观察之后，他恍然大悟，原来这棵树没有任何果实。一棵没有果实的树，自然不会被人注意，也避免了被摧毁的命运。

回到王宫后，国王常常想到这棵“无果之树”。他终于领悟到：如果想像无果之树一样安然无恙，就必须舍弃荣华富贵，舍弃那些诱人的世俗权力的“果实”，如此方能少欲知足，生活得无忧无虑。

在这个忙碌的时代，好像已经没有人去想什么是“我所有”的这个问题，大家都很一致地追寻“我所求”的东西。无论是影视、音乐，还是戏剧，都或多或少地有这种观念，它们都抛给大家一个问题：“你究竟想要什么？”于是，大家都在思索自己究竟想要的是什么，而忘记思考过去、现在、将来“我所有”的是什么。

安静下来仔细想想：什么是“我所有”的？我的家，我的床，我的食物，我的衣服，我的车，我的书，我的珠宝，我的银行卡，我的咖啡，我的笔，我的电脑，我的……这么多“我的……”，繁多得让人窒息。

不要太急着高兴有这么多的东西是“我所有”的，拥有得多就一定是好事吗？这些东西就像那些长在树上的果实，而拥有者则如同长满果实的果树。果实越多，果树越容易被摧毁。

这众多的果实里，哪一个会长久存在？

昨天为你所有的食物，今天会是什么？

昨天为你所有的一杯茶，今天又在哪里？

昨天为你所有的一切，今天都有可能不再属于你。

人们常犯这样的错误：执着地追求更多的能成为“我所有”的东西，却不想昨天本是“我所有”的东西正以同样的速度消失。

每个人来到这个世界的时候，都是“我无所有”；离开这个世界的时候，同样也是“我无所有”。

生活就是这样，你所有的就是你当下需要的，除此之外，别无他有。珍惜“我所有”的，就能活得简简单单。

两只手所能拿的

很久以前，峨眉山上住着一只猴子。有一天，它跑下山来，看见了一个菜园子。猴子心里想：难得下山一次，一定要好好地玩一玩，看一看，带些好东西回山里去。

正好菜园里的玉米成熟了，猴子看着满园的玉米非常高兴，就伸手摘了一个背在肩膀上，得意洋洋地准备离开。

就在猴子要离开的时候，它又看到很多新鲜稀奇的东西。只要对那个东西感兴趣，它就要停下来瞧一瞧，看一看。

就这样，它边看边走，来到了一片桃树林。桃树一棵接着一棵，看不到边，而且每棵树上都结满了又红又大的桃子。猴子觉得这些桃子实在是太好了，就随手把玉米丢在一边，爬到树上摘桃子去了。

摘了桃子之后，猴子继续往前走，走着走着就走到一个西瓜地里，满地的西瓜又大又圆。猴子想：我应该把这些西瓜带回去才对。于是它就又扔掉了桃子，摘了一个西瓜，准备抱回家去。

在快要到家的时候，猴子又碰到了一只野兔。它看着蹦蹦跳跳的野兔，觉得非常可爱，就想着抓到兔子，把它带回家。

于是，猴子又匆忙地扔掉西瓜，去追赶野兔。可是，无论猴子怎么追，都追不上兔子。最后，兔子钻进了自己的洞里，再也没有出来。

这时候天已经黑了，可怜的猴子两手空空地回了家。

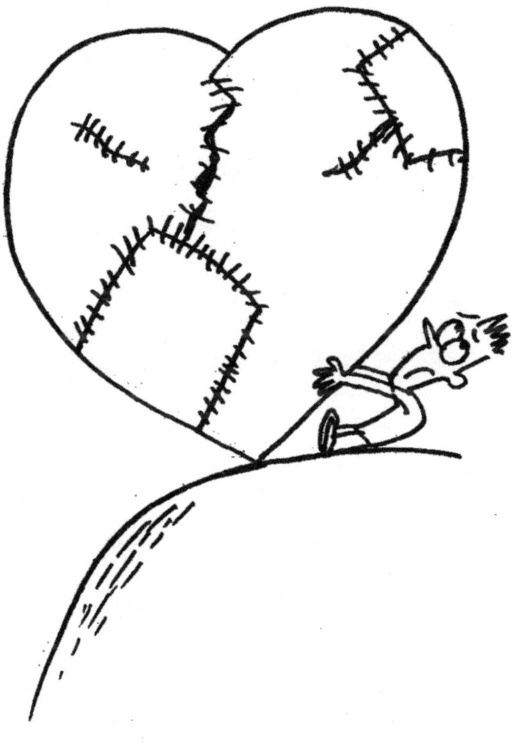

猴子沮丧极了，尤其是想到玉米、桃子、西瓜都曾是自己所有的，可是现在却都没有了，连那只一刹那经过的兔子也不知去了哪里。猴子不知道为什么会是这样的结局，为什么自己忙了一天，最后竟然什么都没有。

于是，猴子去问自己的妈妈：“妈妈，是不是因为我不专心，不持之以恒,所以才一无所获的?"猴子妈妈说:"孩子,这些都不是问题。问题的关键在于你不知道自己真正想要的是什么,不知道自己真正能拥有的是什么。什么都想要,无休止地追寻新的目标,到头来却一无所获。不要忘了,你只有两只手,只能拿你所能拿的,拿你真正想要的。"

其实,人也是一样。我们一直在追求更多更好的东西,却不知道什么是我们依靠自己的力量所能拥有的东西。有时候,就是因为我们想要拥有得太多,结果反而空忙一场。正如《好了歌》唱的那样:

世人都晓神仙好,只有功名忘不了!
古今将相在何方?荒冢一堆草没了。
世人都晓神仙好,只有金银忘不了!
终朝只恨聚无多,及到多时眼闭了。
世人都晓神仙好,只有姣妻忘不了!
君生日日说恩情,君死又随人去了。
世人都晓神仙好,只有儿孙忘不了!
痴心父母古来多,孝顺儿孙谁见了?

刚刚好就可以了

听过一个有着“刚刚好”的幸福女人的故事：

这个女人有一段时间特别热衷于买彩票，每期都买。

有一天，还在上五年级的女儿看她紧盯着电视屏幕，观看公益彩票抽奖节目，就问道：“妈妈，你买彩票了吗？”

女人疑惑地回答：“买了呀，我不是每期都买吗？”

听到妈妈肯定的回答，女儿竟然有些生气地质问妈妈：“为什么要买？你已经很幸福了呀，干吗还买？”

小女儿的这句话，让年轻的妈妈着实惊讶了一下，她不解地问：“孩子，买不买彩票和幸不幸福有什么关联呢？”

女儿慢慢地回答说：“妈妈，你不是跟我说过，上天待每一个人都是很公平的吗？它在这里少给你一点，就会在别的地方多给你一点。”

妈妈回答说：“没错啊！”

妈妈之所以会告诉女儿这样的话，是因为在女儿出生的时候，由于难产，女儿脑部受了一点伤，因此她在智商上比同龄孩子差了一截。妈妈为了不使女儿失去自信，总是这样鼓励女儿，让她不要放弃希望。而女儿也很乖巧，她一直对妈妈的话深信不疑，很认真地做自己该做的事。

女儿听了妈妈的回答，继续说："既然是这样，那么你有一个我这么乖巧的女儿，还有一个爱你的爸爸，爷爷和奶奶也都对你非常好，而且咱们家也从来都不缺钱用。这样的状况，你应该是很幸福的了。上天给你那么多了，它还会再让你中奖吗？我觉得不会。妈妈，上天是公平的，万一你中奖了，它会不会把我们的幸福要回去一些呢？"

妈妈听了女儿的话之后，恍然大悟："是啊！幸福就在眼前。如果我不懂得好好珍惜已到手的这些幸福，却只顾将全部的精力投入到那不可预知的'幸福'中，有朝一日说不定真要丢失已经拥有的这些，将自己眼前的幸福推落至万劫不复的深渊呢！到那时候，就真的会像女儿说的那样，上天就要把我们的幸福要回去了。”

从此以后，这个年轻的妈妈再也没有买过彩票。邻居都很不解，纷纷问她：“大家都在买彩票，你为什么不买了呢？”

这个妈妈笑着说：“因为我已经很幸福了啊！”

要知道，幸福不是外来的，而是从自己心中升华出的一股香气。是不是幸福，就看你能不能把握好度，珍惜“刚刚好”的幸福。

人的一生就像一个容器，有一定的大小。每个人都应该是装满自己的容器即可，如果溢出来了，幸福也就会跟着流走了。

那么迷信"我"吗

对于自我的绝对肯定和不正常欣赏，就是佛语所说的"我执"。佛法说："世间诸灾害，怖畏及众生，悉由我执生，留彼何所为？"因为过于自我，所以执着地力求表现自己。"我执"其实就是对于"我"的一种迷信，表现在执着于自我，甚至包括许多缺点，如自大、自满、自卑、贪婪等。或者因自我意识太强而缺乏集体意识和奉献精神；或者太关注自己而忽略别人，等等。

过度自我的人，多半有一肚子苦水，经常为自己叫屈。一遇到不如意的事情，就觉得时不我与，怨天尤人，内心的垃圾情绪堆积如山。最严重的是，他们从来听不进别人的劝导。那颗以"自我"为中心的心，就像装满了水的杯子，再也无法容下新鲜的水。

丢掉"我执"，就是把那杯不新鲜的、浑浊的水全部倒掉。只有这样，心灵之杯才能有新的空间，才有可能装下新鲜的水。如果心已经满了，即便注入再多新鲜的水，也改变不了杯子里的水质。

丢掉“我执”，让心灵的杯子空出来，就能得到新鲜的智慧。只有除去充满内心的既有成见，才能用心领悟人生真正的意义。一个人如果只想着自己，只专注于自我表现，只顾追求自己的利益，就永远学不到“新”和“心”的东西。

一个握紧的拳头里面，没有空间。

一只张开的手，整个世界都在那里。

丢掉“我执”，就是一切随缘，将该放下的放下。

我是谁？其实不必问。我不过是沧海一粟，不过是高山一石，如尘埃一般微小，又怎能强求笑傲天下？与整个宇宙相比，“我”能算什么呢？

忘掉“我”的利益

有一个小伙子在修车铺当学徒。有一天，一个人送来一辆有点儿小故障的自行车，小徒弟把车修好后，出人意料地把车子的车筐也进行了矫正，还用布将车子全部擦了一遍，给车链子上了润滑油。其他人都笑他：“有什么故障处理什么故障就可以了，干吗这样多此一举，搭上自己的功夫呢？这样一来，会浪费不少时间，少修一辆车，少赚一点儿钱呢！傻子才像你这样，费时费力地做些没用的边角功夫。”

自行车主人也说：“小兄弟，就是一辆破自行车，不用这么仔细。”

小徒弟却说：“我是修车的，就得把车修好，让从我手里出去的车都漂漂亮亮的。”

第二天，一辆豪华汽车开进了这个修车铺。这辆车的主人就是昨天来修自行车的人，他对昨天给他修车的小伙计说：“愿意到我公司去上班吗？你需要做的工作，就是让我的产品都漂漂亮亮地从你手里出去。”

其实，想要出人头地只需这么一件简单的事情——不计较自己的得失，将简单的事情做到完美。但很少有人愿意这么做。有些人一边工作一边抱怨——抱怨报酬不够，抱怨社会不公，抱怨待遇不好，抱怨人心太坏，却不知道自己可能也是别人口中抱怨的“坏人”。

如果那个小伙子当初随随便便地把车修理一下的话，可能自行车主会抱怨，觉得这个小伙子不够认真，自己的本职工作都做不好，也就不会邀请他去自己的公司。所以说，有时候收获成功很容易，只要忘记自己的“利益”，多吃点儿“亏”，多做点儿事情就行了。这个小伙子的前程看似来得简单，他收获的快乐也很简单，他做的事情也相当简单。但是这种简单，却来自于不简单的忘记“自我”。

世间事，原就没有特别复杂的构造，它们的纹理都简单而易懂。只要明白了这些简单的道理，就能获得简单的快乐。

妈妈要漂亮很简单，不生气就好了。

孩子要优秀很简单，多用点儿功就行了。

做事情也很简单，按部就班地一点一点做就好了。

何必抱怨？何必牢骚满腹，让那些牢骚和抱怨催老自己的容颜？

有一支淘金队伍在沙漠中行走，大家都步伐沉重，痛苦不堪，担心不断：怕挖来的金子无法送出去，怕迷失在沙漠里走不出去。只有一个人快乐地走着，别人问他：“你为何如此高兴？”他笑着说：

“因为我带的东西最少啊！”

原来快乐很简单，背负得少一点儿就可以了。

写到这里，又想到了一个故事。

有几个小孩很想成为天使，于是他们就一同去找上帝。上帝给他们一人一个烛台，说只要能让烛台保持光亮，他们就可以成为天使。第一天，每一个孩子都把自己的烛台擦得很明亮，结果上帝却没来。几天过去了，上帝依然没来，最后几乎所有的小孩都不再擦拭烛台了。当他们懈怠的时候，上帝却突然造访，结果看到除了一个孩子，其他人的烛台都蒙上了厚厚的灰尘。原来只有那个孩子每天都坚持擦拭烛台，最终他成了天使。其实，想当“天使”很简单：只要踏踏实实去做就可以了。

成功很简单，只要忘掉“我”的欲望；快乐很简单，只要忘掉“我”的烦忧；幸福很简单，只要忘掉“我”的抱怨。当我们不再专注于自己的利益时，反而能够收获得更多。

放弃"我的钥匙"

简单生活还有一个定义，那就是"忘我"。忘掉自己的欲望，忘掉自己的存在，才可以获得更加简单的快乐生活。

有一个很著名的测试题：

在一个狂风暴雨的漆黑夜晚，你开着一辆车，经过一个公交车站，看见有三个人正在焦急地等公共汽车。一个是病重将死的老人，他需要马上去医院；一个是医生，他曾救过你的命，你做梦都想报答他；还有一个年轻的女子或者帅气的男子，她/他是你的梦中情人。但你的车只能再容纳一个人，你会如何选择？

这个测试题没有标准答案，它测试的是取舍的标准。无论你怎么选，都没有错，都无可厚非。选老人可以，因为人命大于天，老人快要死了，你应该先救他；当然，你也可以选择让那个医生上车，因为他曾救过你，这是个报答他的好机会，知恩图报本来就是一个人应该做的事情；不过，你也可以载着自己的梦中情人离开，因为如果错过了这个机会，你可能再也遇不到一个让你这么心动的人了,也可能因此失去一段美好的姻缘。

这道测试题,据说是一个大型公司的招聘题目。当时有 200 多位应聘者,给出的答案合情合理,说理透彻。然而公司最终聘用了一个没有解释,只是简单叙述自己选择的人。

那个人的试卷上只有一句话:“给医生车钥匙,让他带着老人去医院,而我则留下来陪我的梦中情人一起等公共汽车!”

没有看到这句话之前,大家都认为自己的选择是最好的。这句话出来后,大家才意识到,原来最合适的选择并不是都需要自己做主角的。那把车钥匙,并不是只能由自己紧握着。

然而在生活中,我们每个人都紧紧地握着自己手里的“钥匙”。这个“钥匙”有时候是权力,有时候是富贵,有时候是感情,只要是

握在了自己手中，几乎从未考虑过放弃。

我国有个著名的游戏叫“九连环”，流传于山西民间。明《丹铅总录》记载：“九连环，两者互相贯为一，得其关捩，解之为二，又合而为一。”九连环由九个圆环相连成串，解开者获胜。圆环通常由金属丝制成，九环相互连接，套在条形横板或剑形、蝴蝶形、梅花形等各式框架上。九连环的解法多种多样，可分可合，变化多端。整个过程中，无论是解开还是拆下，都得先放弃已经成功解开或者拆下的小环，否则下一步永远无法进行。

如果我们懂得放弃，学会放弃，放弃自己的固执和狭隘，也许会有意想不到的收获。

换个角度即可“忘我”

有一家人养了一头小猪、一只绵羊和一头牛。绵羊和牛是家里的“常住客”，可是小猪却一直换，而且每头小猪走之前都大声嚎叫。绵羊和牛想：小猪一定是舍不得主人家的美好生活，所以才那么伤心地大叫。于是它们为了不被主人遗弃，尽量表现得很好。主人每次抓它们的时候，它们都十分配合，生怕自己像小猪一样，被主人抛弃。

就这样年复一年，绵羊和牛一直安稳地生活着，小猪却换了一头又一头。新来的小猪终于长大了，主人又来抓它了。小猪知道自己面临的是死路一条，于是大声呼喊，希望绵羊和牛能够救它，或者起码给它一丝同情。结果绵羊和牛因为一次又一次听不同的猪嚎叫，十分不耐烦地说：“不过是换一个地方而已，至于那么惊天动地地叫吗？主人也常常抓我们，我们并没有大呼小叫。你只有保持安静，配合主人，才能留下来。”

小猪听了回答说：“主人捉你们和捉我完全是两回事儿。他捉绵羊，只是要你的毛；捉牛，只是要你的乳汁；但是捉我，却是要我的命啊！”

绵羊和牛一下子惊呆了，这个时候它们才知道自己是多么愚蠢，从没想到每一头小猪的嚎叫都是一次生命的终结。它们一直站在自己的角度和立场上猜度小猪，结果大错特错。

人类有时也会犯类似的错误，他们就像绵羊和牛一样，喜欢站在自己的立场上猜度别人的事情，然后从自己的角度出发大发议论，根据自己的是非观来评判别人的行为。

立场不同，所处环境不同，对事物的理解和看法也就不同，甚至完全相反。所以，在不了解对方的感受时，应该尊重对方的情感表达，尊重对方的做法和判断。只有他自己才最了解自己的感受，就如同我们自己的伤心、难过也不能奢求别人能明白一样。因此对别人的失意、挫折和伤痛，我们不能幸灾乐祸，而应怀有一颗关怀、体谅和包容的心。

排除自我，才能够得出客观公平的判断。而排除自我，首先要做到“忘我”。“忘我”其实很简单，就是不执着于“我”，尝试换个角度思考问题。试试看，你会发现人生变得更加美好。

第二章

简单满足，只需冷冻“贪多”的心

有一个读书人，嗜书如命，总是希望自己能拥有更多的书。无论走到哪里，他都会买一些书回家。他的家里只有五间屋子，却有四间存满了他的书。最后，家里存不下了，他就把书堆在自己的办公室里，甚至公司其他闲置的办公室里也堆满了他的书。

有一天，他着急找一本书，却怎么也找不到。浩瀚书屋里，他要找的那本书淹没在书海中，要找到它，犹如大海捞针。爱书本是件好事，但让自己的爱好变成了自己的灾难，则是有过之而无不及了。

这种“贪多”的背后，究竟是膨胀的自我在作祟，还是被无限的欲望下了魔咒呢？

像蜗牛一样的旅行

“蜗牛背着那重重的壳呀，一步一步地往上爬。”用这句话来形容当前喜欢旅行的一些初级驴友，简直再合适不过了。

初级驴友大都有过这样的经历：第一次踏上旅程之前，心里不仅充满了欣喜和期待，还有着对未知的恐惧，总觉得未来的旅行中充斥着太多不安全的事情。于是，无论是日常用品，还是应急物品，都准备了一大堆，几乎能组成一个“行动屋”——这个屋子里有我们想象中要用的所有东西。

除此之外，我们还预想了各种突发状况，在没有出行之前，认真地练习着应对策略。然而，等我们经历了一次旅行之后，就会发现，之前所做的所有准备工作，几乎都只是在验证一个问题：由于对未来的无知，我们做的各种准备都是无用的。

这种行为看起来可笑又可怜。可笑，是因为我们不知道未来是不能被准备的；可怜，是因为我们一直在做无用功，不懂得体会当下的愉悦，使原本因出行而欢快的心，因为准备这些无用的事情而变得疲惫不堪。

其实,这都是“贪多”的心理在作祟,都是一些流传下来的“老话”影响了我们。比如:“在家千日好,出门一日难。”“出门在外,金银多带,粮草衣物,多多益善。”我们习惯了提醒危险,却忘记了提醒幸福。

的确,对于未知的旅程,我们是需要多做一些防范和准备,但是没有必要“贪多”。

旅游多年的老驴友肯定懂得这一点:要想有一个美好的旅程,就要最大可能地减少自己的行李。这些行李不是有备无患的宝贝,而是你前行的牵绊。事情总是朝着一定的方向发展,复杂会造成浪费,而效能则来自于单纯。

在我们做过的事情中，绝大部分可能是毫无意义的，真正有效的活动只是其中的一小部分。而这一小部分，通常隐含于繁杂的事物中。这就需要我们找到关键的部分，去掉多余的活动，我们会发现成功并不那么复杂。

忍耐与坚持的世界，需要的也是毫无牵挂。因此，让我们的人生简单起来。如无必要，勿增实体。做什么事情都求“多”几乎是每个人的通病——小孩子考试要考到 100 分，大人工作要努力赚到百万家财。这么多人在如此拼命地追求“多”，却不知道这种追求最高成就的“贪多心理”，其实是在助长自我的危险价值观。

为什么有这么多的人想要追求更“多”，却很少有人想到“贪多”带来的负担呢？

丈夫晕倒了

有一对农民夫妇在田地里锄草。他们从早上开始,一直在辛苦地劳作着。妻子看着田地里的草特别着急,生怕它们影响到农作物的生长,因此就锄得更加卖力、急切。

已经到正午了,火辣辣的太阳炽烤着大地,豆粒般大小的汗珠从夫妇二人的额头上滚落。丈夫觉得自己已经无法再支撑下去了,就说:“太阳太毒了,咱们先回去吧,剩下的下午再接着干。”

但是,急于把草锄完的妻子却坚决不同意。丈夫拗不过妻子,只好埋头接着干。

太阳越发毒辣起来。突然,丈夫眼前一黑,栽倒在田垄上,不省人事了。原来,丈夫过度劳累,加上天气炎热,中暑了。慌张的妻子一下子不知所措,在路人的帮助下,她才将丈夫送到了医院。

看着晕倒的丈夫,妻子这才开始为自己贪图多做那一会儿农活而后悔不迭。

有时候我们太紧张事情的快慢、多少,只以取得成功为人生的指针，急功近利，总想一蹴而就。殊不知，这样反而会起到相反的作用。

大概所有的人都还记得，在很小的时候，曾经每天都被爸爸、妈妈提醒要努力拿到 100 分，那种不情愿的心情仿佛就在昨天。可是，等到我们自己有了孩子时，又时刻提醒着他们要拿到 100 分。同时，还不断地逼迫自己去努力，去争取所谓的高薪工作。

这样的心态，就好像总觉得生活是要赶快去消耗的一样，因此才会抓紧所有的时间去努力拿到更多、更好的东西，却一点儿也不考虑后果。

生命就像悬挂在悬崖上的一根绳子,欲望就像是一把刀,越是急功近利,这把刀在绳子上摩擦得就越厉害,绳子断得就越快。

生命就像一炷燃烧着的香,欲望就像是风,越是急于求成,这风吹香的力度就越大,香燃烧得就越快。

为了多吃一块糕点

乡间一直有这样一句俗话:“人争一口气,佛争一炷香。”

因为这句话的教育作用,大多数人从小的时候就开始跟周围的人比啊、争啊。不可否认,做人就是要积极争取,努力将事情做到最好。

但并不是所有的积极争取、所有的竞争都能带来积极的结果。有时候,反而会带来意想不到的反效果,使人不由自主地后退,最终导致贪多反而变少的局面。

以前有对年轻的夫妻,他们的邻居受到皇帝的奖励,得到很多好吃的糕点。由于平时邻里关系较好,于是就给了这对夫妻三块,两人各吃了一块,还剩下一块。

夫妻俩都想吃这最后一块糕点,为此你争我抢,互不相让。

丈夫看见妻子坚决不肯谦让,就心生一计,说:“既然我们俩都想吃这块糕点,这样好了,我们来打赌:从现在开始,不论发生什么事情,谁坚持到最后不说话,谁就有权利吃这块糕点。”

“赌就赌。”妻子听了，不服气地说。

于是夫妻两人开始相视而坐，都沉默不语，只为了能吃到那最后一块糕点。

太阳已经下山了，两个人还是都没有说话，安静地相视而坐。

这个时候，来了一个小偷，他看见这户人家房门敞开，屋里也没有点灯，就以为家中无人。于是，他偷偷溜进屋中，准备顺手牵羊带走一些财物。

尽管看到了小偷在偷自己家的财物，可是，这对夫妻为了赌那块糕点，都眼睁睁地看着贼人搬东西，默不作声。

小偷拿了一些东西，刚准备离开，冷不防撞到桌边坐着的女人，吓得立即退后几步。他定睛一看，发现桌边还坐着个男人。正

准备撒腿逃跑的小偷，看到两个人坐着不说话，也不动，实在奇怪，又停下脚步，看了两个人半天，觉得女人颇有几分姿色，就上前调戏起来。不料，那个丈夫仍然一言不发。

妻子实在忍无可忍，把小偷推开，对丈夫说：“你为什么愚蠢到这种程度？只为了一块糕点，竟然让小偷为所欲为，不说半句话。”

丈夫拍手大笑说：“可惜，你输了，这块糕点归我吃了。哈哈哈！”

丈夫果然吃光了那块糕点。

这对年轻夫妇都在积极争取最后一块糕点，可是却不知道他们到底算是赢了呢，还是输了呢？

半杯水的分量

有一对好朋友去沙漠旅行，不承想竟迷路了。就在饥渴难忍的时候，其中一个人发现远处的一个枯井边放着一杯水，他想都没想就飞奔过去，拿着那杯水慌乱地逃离，生怕被他朋友抢到了。结果，另外一个人也发现了，两人就开始互相追着抢水，你争我抢，互不相让。为了一杯水，两个人开始在沙漠里拼命赛跑。

谁知拿着水的这个人跑得太急了，一不小心，脚崴了一下，那杯水就被打翻在地。就这样，两个人一滴水也没有喝到嘴里，又由于过度奔跑，都筋疲力尽，连求生的勇气也没有了，最终被困死在沙漠里。

本来两个人拥有整杯水，如果善加珍惜、利用，也许可以走出沙漠。但是由于其中一人“贪多”，希望自己能喝到全部的水，导致两人一滴水都没有喝到，最终困死在沙漠中。在一望无际的沙漠里，一杯水固然珍贵，可是要救人的话，半杯水足矣。如果他们当时懂得谦让，能把半杯水让给别人，那同时也就救了自己。

懂得半杯水可以救人的道理，就能在死地找到生还的机会；懂得把半杯水让给别人，也就给了自己成功的机会。

因此，从小事做起，从半杯水开始，知足常乐。说不定什么时候，半杯水就能帮你死里逃生。

如果不能知足常乐，必然招致贪心之祸。

一个小和尚正在路上走着，忽然看见一只狐狸。这只狐狸叼着一只刚刚捕获的飞雁，飞雁还在拼命挣扎，不断地挥动着翅膀。准备渡河的狐狸突然发现了河里又肥又大的鱼，望着滑溜溜的鱼，它不住地流口水，觉得肥鱼可能更好吃。于是，贪心的狐狸就把飞雁放在岸上，跳入河里捉鱼。但是，狐狸根本就不会游泳，一入水就往下沉。眼看要丧命的狐狸拼命地逃上岸来，等它再去找飞雁时，飞雁早已经不知去向了。

这个场景恰巧被小和尚看在了眼里，就对狐狸说："人家都说狐狸很聪明，岂知你却这么傻，既然得到了飞雁，怎么又贪心去捉鱼呢？结果两边皆空，连自己的命也差点丢掉。"

狐狸听后不以为然地说："世间如我一样的傻子有很多，人更是愚痴，有了富贵求功名，有了贤妻求美妾。我只是由于一时的贪念失去了飞雁和鱼，而人损失的就不止这些了。"

听到狐狸抗议的语言，小和尚顿悟。

其实，狐狸说得一点儿没错。世间大多数人，都是得一望二，得陇望蜀，其结果往往是一无所获。仅有一次的生命就这样因贪心而浪费和虚度了，实在是悲哀！

我也许能得到更多

在深海里有一只可爱的小鲨鱼，每当妈妈将捕捉的食物带回来时，它总是喊得最响亮，妈妈自然也就多分一些食物给这只小鲨鱼。可是，鲨鱼妈妈没有想到，就是自己无意中多分的那些食物，助长了小鲨鱼的贪婪。

小鲨鱼慢慢地长大，开始跟妈妈学习觅食了，它逐渐学会了如何捕捉食物。有一天，妈妈对小鲨鱼说："你已经有了独立生活的能力，去大海深处吧！"

鲨鱼妈妈骄傲地想：凭借我传授的优秀捕食本领，小鲨鱼一定能生活得很好。

过了几个月，鲨鱼妈妈决定去看望自己的孩子。在一个小海沟里，她发现了小鲨鱼。可是，小鲨鱼并没有想象中那么健康，它看起来似乎有点儿营养不良。这个小海沟里有很多鱼群，小鲨鱼在这里应该变得更加强壮才对，可是结果为什么恰恰相反呢？

正在鲨鱼妈妈百思不得其解的时候，一群大马哈鱼游了过来，而刚才无精打采的小鲨鱼也来了精神，准备捕食。

小鲨鱼的隐蔽本领非常强，马哈鱼已经游到了小鲨鱼的嘴边，还没有感觉到危险。看着越来越多的马哈鱼游到了自己孩子的嘴边，鲨鱼妈妈高兴地想：只要儿子把嘴一合，就能好好地吃一顿了。出乎意料的是，小鲨鱼连动都没有动。

更多的马哈鱼游近了，小鲨鱼还是没有动，它盯着远处剩下不多的马哈鱼，企图将所有的马哈鱼都吃掉。但是，它的急躁让近处的马哈鱼立即意识到了危险，而远处的马哈鱼也因为距离较远，小鲨鱼无法捕食，所以几乎所有的马哈鱼都轻松地摆脱了被吃掉的危险。

看到这种情况，鲨鱼妈妈生气地问：“为什么马哈鱼在你嘴边的时候，你不吃掉它们？”

小鲨鱼说：“妈妈，你难道不知道，我也许能吃到更多马哈鱼？”

鲨鱼妈妈摇摇头，说：“不是这样的。欲望是难以满足的，而机会却不常有。贪婪不会让你得到更多，反而会连原来能得到的也失去。”

其实，人又何尝不是像小鲨鱼一样呢？有些时候，得不到的原因不是你没努力，而是你的心放得太大，来不及收网。

“也许能得到更多”有时候就像是一个魔咒，驱使着人们的心走向膨胀。贪心一起，便永远不知满足，在追逐物欲享受的路上越走越远，丢失了简单、纯粹的快乐。

锁住贪念的锁

有位品德高尚的锁匠，修锁、开锁的技艺十分高超。春去秋来，锁匠老了，唯一的儿子又出国留学，无法继承他的事业。为了不让自己毕生的技艺失传，他收了两个徒弟。

这两个徒弟不但聪明能干，而且勤奋好学。一年后，老锁匠看到两个徒弟的技艺都有长进，心里很高兴。但是，他的真传只能传授给其中一个。为了选出接班人，老锁匠决定进行一次考试。

考试当天，老锁匠准备了两个保险柜，这两个保险柜上都装了一把精密的锁。老锁匠把保险柜分别放在两个房间里，让两个徒弟去打开。仅 10 分钟之后，大徒弟就打开了所在房间的保险柜，而小徒弟却用了将近 20 分钟。观摩这场考试的人都为大徒弟的高超技艺喝彩。众人本想老锁匠肯定要把技艺传授给大徒弟，但是没有料到的是，考试还没结束。

老锁匠问大徒弟："你打开了保险柜，有没有看到保险柜里有什么？"一听见师傅这么问，大徒弟眼中立刻放出了光彩："师傅，保险柜里放满了钱，而且全是百元大钞！”

老锁匠听完大徒弟的回答，没有发表任何意见。接下来，他问了小徒弟同样的问题。小徒弟支吾了半天，说：“师傅，您只说让我开锁，我就专心地开锁，根本没注意保险柜里放了什么。”

听完两个徒弟对同一个问题的回答，老锁匠郑重地宣布小徒弟为他的接班人。

大徒弟听后很是不服，众人更是不解，老锁匠却微微一笑，说：“干锁匠这一行，眼里只应见锁而不应见被锁之物。锁匠可以开世上任何一把锁，但锁住自己心中贪念的那把锁却永远不能打开。”

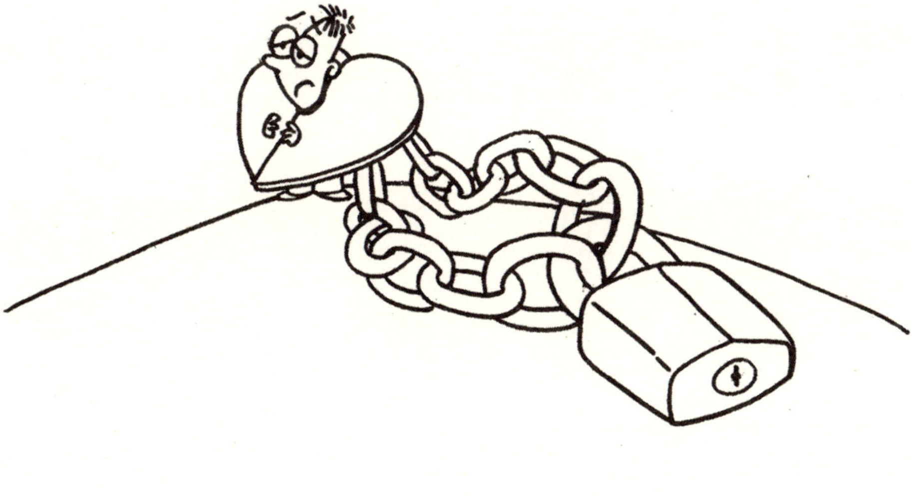

请记住老锁匠的这句话：“锁住自己心中贪念的那把锁却永远不能打开。”

其实，需要永远锁住贪念的又何止是锁匠？在这个世界上，无论男女老少，不管从事何种职业，心中都应当有一把锁住贪念的锁，而且永远不能打开。贪念就像被封在所罗门瓶子里的魔鬼，一旦打开，就会无限膨胀，任意作祟。这个魔鬼一旦被释放，就会在你头上套上枷锁，把你拖进鬼门关。那些落马的贪官，不就是因为当初经不住金钱的诱惑而偷偷打开了那把贪念之锁吗？

老鼠偷油

一只饥饿的老鼠到处觅食，终于在一家人的厨房里看到了一个装满油的瓶子。令老鼠十分高兴的是，这家主人做完饭并没有把瓶子的盖子拧上。可是，瓶子太高且瓶面光滑，老鼠根本爬不上去。聪明的老鼠看到瓶子旁边有个高台子，于是就先爬到上边，轻轻一跃就跳进了瓶子里。

跳进油瓶的老鼠，先是兴奋地在油里游了一圈。它抬头看看高高的瓶口，心想等会儿吃饱了，把瓶子打翻，就可以爬出去了。

想好了后路，老鼠就开始大口大口地喝起来了。看着自己不断膨胀的肚子，再看看窄窄的瓶口，老鼠心想一定要少喝点儿，要不然就出不去了。但是，看着围绕在自己身边的这些美味的油，它实在不舍得放弃，于是总想着要多喝一点儿。

终于，老鼠撑得实在喝不下更多的油了，于是决定撞翻瓶子爬出去。但是由于喝得太多，全身没有力气，老鼠决定先睡一会儿，等到消化得差不多了再撞，而且到那时候，还可以再喝一点儿油。

老鼠就这样安然地睡着了。正当它睡得美美的时候，这家主人走进了厨房，发现了瓶子里呼呼大睡的老鼠。最后，老鼠自然是丢了自己的性命。

老鼠拒绝不了油的诱惑，最终丢了性命。其实，拒绝不了诱惑的又何止是偷油的老鼠，人也一样。生活中，有些人永不满足，过度地追求物欲的最高享受，结果却适得其反，断了自己的后路，迷失了生活的方向。何必呢？

第三章

简单快乐，需要用心去感受

有一天，苏东坡闻说佛印讲禅，便赶去参加。但当时人已经坐满，没有空位。于是禅师说："人都坐满了，此间已无学士坐处。"

苏东坡说："既然此间无坐处，我就以禅师四大五蕴之身为座。"

禅师看到苏东坡与他论禅，于是说："学士！我有一个问题，如果你回答得出来，那么我老和尚的身体就当你的座位；如果你回答不出来，那么你身上的玉带就要留在本寺作为纪念。"

一向自命不凡的苏东坡答应了，佛印禅师就说："四大本空，五蕴非有，请问学士要坐哪里呢？"

苏东坡听后，顿时哑口无言。

世间万象，千姿百态。身处其间，我们要学会分辨何为真，何为假；何为好，何为坏。拨开层层迷雾，用心灵去感受，方能获得简单的快乐。人们所追求的种种感觉，其实都来自于同一个源泉，即自己的本心。心既是开端，也是终点，事物的发展从心的感觉出发，也以心的满足终结。

你所拥有的美貌

古时，在江南的秦淮河边，有一个名妓，长得貌美如花。据说在当时的整个秦淮河边，没有一个人能比得上她。她的美貌吸引了全国各地的男子前来一睹芳容。不管是达官贵人，还是文人墨客，都愿意为她一掷千金。

众人的追捧，使得她日渐高傲起来。一旦伺候她的人做得不如她的意，她就会大发雷霆。对于前来拜会的客人，除了那些高官皇族，她一概爱答不理，更别提那些贫民和穷酸的书生了。

她内心明白，是自己天生的美貌给她带来现在的名声和地位。为了保持这种奢侈享乐的生活，她想尽一切办法来保持自己的容貌。在日常生活中，她处处以自己的容貌为第一要务。身边伺候她的人，一旦做出了有损她美貌的事情，她都会大发脾气。

后来，这位名妓终于遇到了让自己倾心的男子。这位男子，不但长得玉树临风，而且拥有渊博的知识。此外，他的身家地位也深得这位名妓的喜爱。可是，世事并不都像人们想象的那样完美。

尽管这位男子也十分愿意娶她过门，但是苦于家里人的反对，只得作罢。他们二人在一起恩爱相处了一个月后，男子便不告而别。

男子的离开，对名妓打击非常大。想到男子的爱如此浅薄易逝，她内心实在难以接受。于是，悲愤之余，她选择了出家。即便许多人劝阻，她也执意要去。

俗话说："江山易改，本性难移。"因她平日里受惯了追捧，出家之后，仍仗着自己的容貌，娇气十足。整个庵庙，无一人喜欢她。

一日，师太外出探访，让她跟随前去。就在山林深处一个破败的小草屋里，她见到了要探访的人。这是一个女人，她躺在脏乱的小床上，病恹恹的一副躯体，消瘦不堪。稀疏的头发，乱蓬蓬地梳了一个发髻，苍白的脸上已满是皱纹。她很好奇地询问师太这个女人的身份，师太告诉她，这就是曾经名满江南的江春。听了师太的回答，她着实不敢相信，江春的名字她是听过的。尽管她一直以自己的美貌为傲，但是江春对她来说，始终是无法超越的传奇。孰料，世人早就寻不到的江春，已沦落成如此模样。

一直以来，她深知自己的容貌不及江春。江春尚且如此，那么自己将来会是如何？美貌能永久保持吗？形体能永远妖娆吗？这一切也不过短短几载，谁能料想到失去之后的结果呢？从此以后，这位曾受人追捧的名妓便潜心向佛，再也没了之前的傲气。

不论青年、壮年，都会日渐衰老。再壮健的人，也难逃一死。亲朋好友，虽然聚集一堂，快乐无比，也终有离别的时刻。纵使拥有百万家财，最终也会离开财富而去。

人的一生，被无数的假象所包装，而人也大多沉迷于这些假象之中而不自知。这些假象化身万千,有时候是权力,有时候是富贵,有时候是美貌,还有时候是名誉,等等。沉迷假象不自知虽然愚昧,但是如果我们明知是假象还沉迷于其中,就太可悲了。

快乐只需昂起头

辰辰是个娇小的女孩子，不但个子不高，长得也不出众。为此，从小到大，辰辰的心里总有一种自卑感。而今，在她工作的那个公司里，可谓美女云集，这样的环境更加重了辰辰的自卑心理。

每次公司开会，辰辰总是自动地坐到角落里。会议上，大家都踊跃发言，而她总是保持沉默，只有当被问起的时候，才会支支吾吾回答一些问题。久而久之，大家也就不再询问她的意见了。这样一来，更加使她觉得自己的存在是无足轻重的。

公司组织出去游玩的时候，辰辰也习惯了走在人群的最后。同事们都有说有笑地聊着天，只有她闷闷不乐。再怎么热闹的场合，她都觉得很孤单。自卑心时时刻刻折磨着她，让她远离了快乐。

因为自卑，她身边的朋友很少。同事们也觉得她的性格孤僻，很少同她来往。在公司的沉默，回家之后的沉静，让辰辰的生活如同死水一般没有生气，更不会有充满色彩的波澜。她很想改变这种生活，但是挣脱不了的自卑心理，总是让她的每一次尝试都以失败而告终。

有一天，她终于鼓起勇气向一位很有成就的前辈寻求帮助。前辈告诉她，她只需要每天抬起头微笑就可以了。于是，她听了前辈的话，每天不再是羞怯地低着头，而是昂起头，面带微笑地面对身边的人。虽然一开始很难做到，但是为了摆脱以往那种死寂的生活，她选择了坚持。

慢慢地，抬头微笑成为了她的习惯。微笑，是一块磁石，吸引着其他人靠近。辰辰身边的朋友慢慢多了起来，以往的沉寂被淹没在了笑声里。那种曾经折磨她的自卑心理，在她学会抬起头微笑的时候，就已散落在了身后的尘土里。辰辰现在成为一个充满自信的姑娘，不但工作上得到了提升，也收获了自己的爱情。

快乐，不由外貌决定。漂亮的华服，能增加几分快乐的重量？美丽的妆容，能延长几时快乐的时间？只有保持每天抬起头微笑，才能与快乐同行。

天堂在哪里

记得在一个课堂上，老师让学生分别描绘“天堂”和“地狱”。关于天堂，大家都集中在友爱、帮助、慈祥、和谐等让人心中充满爱的词上；而关于地狱，大家都不约而同地说出了恐怖、肮脏、黑暗等听起来就毛骨悚然的词。老师接着让学生们描述“人间”。

关于人间，大家描绘的词语不再具有相似度和统一性，而是五花八门，什么样的都有。听着这些不同的词语，老师问学生们：“既然我们无法给人间下一个统一的定义，那么有谁能说出人间的位置，同时指出天堂和地狱的位置？”

有人说：“天堂在我们的头顶。”

还有人回答：“地狱在离我们很远的地底下，就好像是地下的楼层，地狱在最底端的那一层。”

也有人说：“天堂就在我们的家乡。”

关于天堂和地狱的位置，学生们给出了很多答案，但人间的位置只有一个，那就是在天堂和地狱的中间。

老师耐心地听着学生们的回答，只是微笑着点点头。

这时候，坐在窗边的一个学生站起来回答说："天堂、地狱、人间其实都在一个地方，那就是我的心里。我高兴的时候，什么地方都可以是天堂；伤心的时候，什么地方都是地狱；我的心活动的时候，就是人间。"

听到这个回答，所有的学生都沉默了。老师停顿了一会儿，带头鼓掌，并且让这个同学再一次重复了他的答案。

的确，无论天堂还是地狱，其实都在自己的心间。很多人终其一生潜心修行，只希望能到达西方极乐世界，可以面见佛祖。殊不知，佛祖其实就在我们的心中。从出生的那一刻开始，极乐世界就始终陪伴在我们身边，只是世俗的生活蒙蔽了我们的双眼而已。

成功在态度

以前，有一只生长在荷塘里的青蛙，它每日坐在荷叶上，白天望着天上的云卷云舒，夜晚看着天空的点点繁星。广阔的苍穹吸引着青蛙，它很想到天上看一看，领略一下高处的风景。

渴望飞上天空的念头，每时每刻都在青蛙的内心激荡。于是，青蛙就去请教森林里的“智慧之王”——狐狸。狐狸告诉它，只要到湖边等着，然后诚心请中途休息的天鹅帮忙就可以了。

听完狐狸的话，青蛙从自己居住的荷塘，跳到了森林里的湖边。从早到晚，青蛙都守在湖边等待天鹅的出现。但是，一晃几天过去了，它一只天鹅都没有等到。就在青蛙开始绝望的时候，有小动物告诉他，湖的对面来了一只天鹅。

听到这个消息，青蛙心里高兴极了，它准备好一份礼品，前去拜访天鹅。见到在湖边休息的天鹅，青蛙恭敬地奉上自己带来的礼物，天鹅看后感动地对青蛙说：“我已经受伤很久了，一直停留在湖边的草丛，这么多天以来，你是第一个来看望我的。”

青蛙一听天鹅说自己受了伤，心想：它自己已经不能飞翔了，更别提带着我到天空看风景了。既然不能实现自己的愿望，岂不是浪费了自己送上的那份大礼？想到这里，青蛙立即一改自己先前恭敬的态度，收回了自己送上的礼物，还用各种伤人的话来嘲笑受伤的天鹅。天鹅安静地伏在草丛里，面对青蛙的嘲笑，不做任何回应。看到天鹅的沉默，青蛙心满意足地离开了。

第二天，闲来无事的青蛙又想到了那只受伤的天鹅，决定再去嘲弄一番。谁知，青蛙刚走到天鹅停留的那片草地，就看到天鹅拍着翅膀飞上了天空。天鹅在空中盘旋了一圈，轻松地飞走了。这时，青蛙才为自己的行为感到后悔不已。

其实，天鹅的伤已经养好了，原本就打算今天飞离湖边，回归自己的队伍。要知道，天鹅始终是天鹅，就算一时受伤了，还是有飞上天空的机会。青蛙因为天鹅受了伤，暂时失去了飞翔的能力，就去践踏天鹅的尊严，最终使自己也丧失了实现梦想的机会。如果青蛙能怀着一颗尊重他人的心去对待天鹅，那么等待它的就会是另外一个结局。

人不是独立存活于世界上的，一个人的成功也不单纯地只靠自己的力量。有时候，只要你懂得尊重他人，不嘲笑他人的失败，不去揭他人的伤疤，用一颗友爱的心去对待他人，自己成功的机会就更大一些。

第四章

简单工作，“忙”即亡在旁

◎ 生命只在呼吸间
◎ 沉下心
◎ 相同的月光，相同的沙滩
◎ 等待灵魂
◎ 成功就是简单工作
◎ 简单一点,困难只是一张纸
◎ 抖掉身上的泥土

如今，生活的节奏被社会发展的鞭子驱赶，人们好像除了睡觉之外，再没有别的可以自由支配的时间。大家都疲于奔命，好像忘记了生活的真正含义。生活的本真慢慢地被抽离了。

这种快节奏的生活，浪费了我们的情怀，闲置了我们的情趣。我们变成了空有一副血肉的机器人，疲惫的身体负荷一整套程式化的行为，使得我们的生活索然无味。

生命本是一次从容的旅行，却被我们扭曲了节奏。我们需要探寻自己到底在忙什么，更需要静下心来，体验生命，享受悠闲。

生命只在呼吸间

生命是一本书，不是急行的军队，它是用来充实的；生命是广阔的大海，不是沉寂的死水，它是用来丰盈的。而如今的我们，却总喜欢舍本求末，使生命在匆忙中度过。

佛教故事记载，释迦牟尼曾与弟子们讨论生命的长度问题。

有的弟子回答："生命不过短短几十年的时间，看似漫长，其实光阴如白驹过隙，转瞬即逝。"面对这种答案，释迦牟尼觉得他并未参透生命的真相。

另一个弟子回答道："人类的生命犹如大自然中生长的花草，春天发枝萌芽，绚烂如锦；冬天则凋零枯萎，零落成泥。"释迦牟尼听了，虽赞许他能体察到生命的匆匆，但是这种对佛法的理解也只限于表面而已。

为了激发弟子们的灵性，释迦牟尼不断地否定他们给出的答案。

又有一个弟子站出来告诉释迦牟尼："生命如同朝露，虽然看起来很美丽，但是却经受不起阳光的照射。一旦暴晒在阳光下，一眨眼便会干涸。”

释迦牟尼听了，含笑不语。这时候，一个弟子的话，使得四座愕然。

他说：“生命只在一呼一吸间。”

释迦牟尼终于等到了自己想要的答案。

人生的长度，谁能丈量出来？如若真的去丈量，应该以什么为尺度？生命，其实只在一呼一吸间。一呼一吸，便是整个生命的精髓。生命有多长？或许这个长度实在太过于抽象，所以才使得人们不懂得去珍惜，只顾耗费时间去满足自己的欲望。

生命如露水，只有一瞬间；生命如浮游，只有一昼夜；生命如花草，只有一季节；一呼一吸间的生命，容不得我们浪费分毫。

生命可以用来换取金钱，但即使你日进斗金，当生命要消失时，你仍旧没有能力挽回；生命可以用来换取权力，但即使你再怎么高高在上，当生命将尽的时候，你也同样无能为力。堵上欲望的沟壑，抛弃无谓的繁忙，珍惜生命的每一分、每一秒，才能领略到最简单的快乐。

沉下心

行走在生活搭建的独木桥上，你肩上的负担有多重？

一个白手起家的商人，在业界一直被奉为传奇。他刚 40 岁，不但拥有了金钱，还赢得了好的名声，让旁人羡慕不已。

但是，现在的生活却没有让商人感到快乐。想起以往在老家时的那种轻松愉悦，他决定回故乡去重拾快乐的时光。

这是一个安静的乡村，贫穷且交通闭塞。但是，也正因如此，小村庄才数十年来几乎没有发生什么变化。

商人去了过去常去的小河边。记忆里，每到夏天，他就脱下鞋子，光脚踩着小河里的石头，满心都是快乐。于是，他像小时候一样脱了鞋子，沿着小河里的石头慢慢行走。但是，却寻不回曾经的感觉。

商人又去了小时候的“神秘小树林”。小树林里生长着奇异的花草，还有可爱的小动物。但是，这些东西仍旧没能带给他快乐。

找寻了一天的快乐,他终于累得走不动了。到了一个阴凉的地方,他索性躺了下来。疲累的他,脑子里什么也不愿想,不去想城里的工作,不去想快乐究竟藏在什么地方,只是睁着眼睛望着头顶的天空。

就在这时,他发现天空是那么的蔚蓝,白云随意地变换着形状,不时有轻灵的鸟儿飞过,偶尔也有大树的落叶飘落在身上。闭上眼睛,可以听见树林中清脆的鸟叫声,可以听见村子里传来的犬吠声,还可以听见河边孩子们的阵阵欢笑声。他不由得微微笑了,内心的那股愉悦就那么清晰地传达了出来。

等他意识到自己的好心情时,才明白了自己一直以来找不到快乐的原因。其实,快乐本来就随时相伴,只是自己的心太浮躁,没有了快乐的空间。只有将心沉静下来,快乐才会慢慢地浮出水面。

从出生开始,生活的真谛就已存在于我们身边了,只是我们一直被所谓的忙碌蒙蔽了双眼,发现不了身边的正确答案。仔细审察生活的四周,你会发现,原本被你忽略的也许才是你真正需要的。快乐不需要刻意去寻找,它存在于我们身边的每一处风景里。沉下心来,快乐会不请自来。

相同的月光，相同的沙滩

人们对生活的要求，恰如女人对自己容貌的要求。要美丽，要光鲜，要饱满，要没有皱纹……有多少女人能让自己的青春永驻？有多少人能让自己的生活不空虚？又有多少人终日奔波却只换来一场疲惫的梦幻？

以怎样的姿态面对生活，才能最大限度地得到幸福？其实，幸福需要用心来丈量。幸福的大与小，多与少，只是每个人丈量的标准不同而已。标准来源于自己的生活，只有依附于实际生活的标准，才能真正丈量出自己得到的幸福。脱离了实际生活的标准，非但丈量不出幸福，反而会给自己带来许多烦恼。

夜幕降临，明亮的月光洒在海滩上。天空的月亮、海水中月亮的倒影，与远处的灯火交织在一起，相映成趣。

一个拾荒者行走在沙滩上，在捡拾游客留下来的东西。就在这个时候，过来一位富商。

商人看着这个落魄的拾荒者，觉得应该去指点他一下，帮助这个可怜的人过上更好的生活。

富商对拾荒者说："这里那么多艘出海捕鱼的船，你为什么不跟着船出海呢？"

拾荒者停下手中的工作，问："出海之后呢？"

富商说："你就可以用挣来的钱去买一艘属于自己的船了。"

拾荒者又问："买了船之后呢？"

"买了自己的船，你就可以自己出海了。然后挣钱去买更多的船。"

"再然后呢？"拾荒者接着问。

"你就组建自己的船队，就能够发大财了。"

"我发财之后，要做些什么呢？"

"等你发了财，你就可以像我一样，悠闲地欣赏这海边沙滩的美丽夜景了。"富商回答。

拾荒者听完之后笑了，问富商："我们现在难道不是在同一个沙滩上吗？还是说你能找到第二个月亮？"

"当然是在同一个沙滩上了……你真会开玩笑，我即便再怎么有钱，我也不知道去哪儿找第二个月亮啊。"富翁回答。

"那么，我现在已经和你一样，在欣赏着同一个沙滩上的夜景了啊。我是不是富有又有什么区别呢？我何必再兜兜转转地去赚钱呢？何况又冒着那么大的风险。"拾荒者说完，笑着离开了，留下惊愕的富商。

抛却无休止的追求，放慢忙碌的节奏，简单的生活就是这样一种充满幸福的智慧哲学。

简单,是直指目标的一种通达,是抛却杂念的一种畅快。生活没必要绕太多的弯子,弯子太多会给自己的生命增加负担,会让自己的心情增加负荷,最终会磨蚀掉幸福。其实,只要你够简单,能够把握住人生最重要的,你就会觉得前景一片广阔。

不过,追求简单生活,放慢脚步,却不是一件简单的事情,它需要有大舍弃的智慧。

想要拥有一份简单的生活,健康的心态也很重要。积极地面对生活中的一切,无论快乐还是痛苦,挫折还是失望,都将其看作生活的馈赠,是生活给予我们的调剂。我们应该懂得品味,而不是怨天尤人,愤恨不已。

尝试简单,就是尝试一种心情,一种独特的旋律。掌握了简单的旋律,生活就会变得从容许多。懂得简单,就是不必在意太多,只需豁豁朗朗地“做自己”,不必去在乎那些异样的目光,那些存在于黑暗中的议论;用坦荡的脚步迈自己脚下的路,远离让人疲惫的黑暗;大胆去追求自己所喜欢的,避开让人厌烦的阴霾。

我们每天都需在繁忙的生活中,留出一点时间给自己,对自己每天的行为进行反省,反观自己的内心有没有对浮华的事物纠缠不休,有没有执迷于镜花水月而不能自拔。如果有,就是自己还没有悟透简单生活的道理。

简单生活,就是让我们不要盲目地“忙”,给自己的心灵充足的独处时间,好好地研究自己。如果做到了时常分析自己,解剖自己,也就真正领悟到了简单生活的真谛。

等待灵魂

印第安人有一个习惯，无论他们行走的速度有多快，都会在每走一段距离之后停下来。

有一个过路人之前并不知道印第安人的这种习惯。他看到一群印第安人赶着一群羊，走走停停。停下来的时候，赶羊的牧人悠闲地看看天上的悠悠白云，安详地跳起舞蹈，年老的人们则咂起了烟袋。动人的舞蹈和烟草发出的烟雾，与即将落山的太阳相映，一切都显得那么祥和。他们平静地享受着这悠闲的时光，全然不顾即将到来的黑夜。

过路人看到印第安人这个样子，很是不解，就好奇地问他们："太阳马上就要落山了，你们若是再不赶紧上路，天黑之前肯定到不了目的地了。你们还等什么呢？"

年迈的老人继续咂着烟袋，不慌不忙地说："我们的脚步总是匆匆忙忙。走得太快，就容易把灵魂丢掉。现在停一停，是在等我们的灵魂追赶上来啊！"

路人愕然。

人生的道路也是如此，一辈子过得匆匆忙忙，到了最后，却不知道究竟是什么值得我们这样费尽心力地赶路。执着的追逐，早已夺走了我们本应该得到的幸福。匆匆的步履，满心沉甸甸的忧虑，每时每刻都在折磨着内心和灵魂。人类大部分的痛苦，来源于自我的贪念。这些贪念如同杂草的种子，让我们的心灵之田野草丛生；这些贪念又如同翻滚的流沙，使我们的灵魂变得荒芜。

只有静下心来，放慢速度，让心灵与脚步一致，才会发现周围景色的美好。

印第安人那种从容的态度，是值得我们学习的。告别匆匆，让心态随着脚步慢下来，去发现细微的乐趣，体会短暂的快乐，才能享受到广阔的平静，才能求得永久的祥和，才能体会到生命的从容。

一花一世界，一叶一菩提。带一份淡泊宁静的神思，携一颗探索美好的心灵，品一品尘世的苦甜，赏一赏人生的百态，嗅一嗅香花芳草，听一听虫嘶鸟鸣，不评是非，不作争论，只用一颗平静的心去感受、去接触。用心生活，才会让人生变得丰盈。

忘却忙碌，慢下来观察生活，领悟人生。只有持有这份心境，才能让我们领略到生命的广阔。活着，如泛舟渡江，小舟轻摇才能尽享江边的美景，离弦之箭般的速度只会让你跟美景擦肩而过。寻得一份从容的情怀，信步慢行在人生的途中，抛却无谓的羁绊，解开密密麻麻的束缚，用一颗最轻灵的心去参悟人生的妙义。

成功就是简单工作

有五个人，在校时都是优等生，可是步入社会之后却屡屡创业失败。五个人不明白为什么，论聪明和才能他们并不输给旁人，为什么就不能成功呢？于是，他们决定一起去找当时最有名的创业大师，学习成功的经验，请教为人处世和创业交际之道。

大师看到这五个人，知道他们都是栋梁之材，于是倾尽所有，尽力传授自己的知识和经验。但是，令这五个人奇怪的是，大师每每传授的都是一些简单得不能再简单的道理，诸如不能缺斤少两，诚信第一，商德最重要，等等。这些道理让五个人很疑惑，难道这位大师的成功就是这几个简单的道理支撑起来的吗？这些道理似乎与成功相距甚远，也与繁杂诡异的现时世道相隔甚远。

因为传授的内容很简单，不几日老师就让这五个人“毕业”了。五个学生中四人似有所悟，只有一人面露不屑之色，大师看在眼中，笑说：“好了，我已经把自己的所学、所知教给你们了，你们现在都可以出山了。以后，你们就分头去闯荡吧！”

那个对大师所传授的知识感到不屑的后生，是五人中学业最精、智商最高的一个。与其他四人分手后，他四处闯荡，竭尽全力投入职场。在他从事的领域当中，处处皆有胜迹。他以精明老到出名，败在他手下的竞争者不计其数。虽然如此，不知为何他总是在最关键的时刻莫名其妙败下阵来。对于成功，他能把握住机缘，却总是输给人缘。不过，这个人一向好强。他不怕失败，一次次爬起来再战。他很明白职场的规则，“强中自有强中手”的道理他也熟记于心。成功的道路上，一山更比一山高，他必须让自己更精明、更老到，才能取得成功。一直以来，他为人处世时处处如临大敌，留心设防。这样的生活，不但让他觉得很苦很累，而且到头来还是一不留神跌回原地。反观一同出山的另外四人，他们都在各自从事的领域里雄霸一方。如果说世道艰难，那四个人为何能取得成功呢？

这个人内心觉得很不平衡,同时又觉得太离奇了。于是,他再次去找那位给他们上过课的大师,决心问个明白。

他问大师:“与他们四个相比,我的才干和能力怎么样?”

大师说:“他们四个远远不如你。”

“那他们为什么能够取得成功?”

“凭借‘简单’!”

很多人都认为,成功需要的第一要素是才能,其实不然。要想成功,真正摆放在第一位的,应该是诚信,对社会和对他人的诚信。这是世人知道的最简单的为人处世的道理。才能加嫉恨的“复杂”,会导致失败;只有才能加诚信的“简单”,才能更快地走向成功!简单——往往是大才之人最为缺乏的才能!

简单一点，困难只是一张纸

魔术师胡汀尼很有名气，几乎所有的人都知道他有一手绝活，那就是无论遇到多么复杂的锁，他都能够在极短的时间内打开，从而逃生，而且从来没有失手过。胡汀尼曾经为自己制定了一个富有挑战性的目标：在60分钟之内，从任何一把锁中挣脱出来。条件是周围不能有任何人观看，同时他还要穿着自己特制的衣服。

有一个小伙子听说了胡汀尼的这一目标，决定向他发出挑战。他专门找人做了一间坚固的铁牢，然后配上了一把看上去极其复杂的锁。他请来了胡汀尼，看看他是否能从铁牢里逃出去。胡汀尼欣然接受了这个挑战。他信心满满地走进牢笼，所有人都遵守规定不去看他的工作。

胡汀尼取出自己开锁用的工具，专心致志地开始解锁。半个小时过去了，他仍旧耳朵紧贴着锁，心无旁骛地工作着。一个小时过去了，那把锁依然没有打开，时间将尽，胡汀尼的头上开始冒出紧张的汗水。伴随着时钟嘀嘀嗒嗒的声音，时间已经过去两个小时了,胡汀尼依然没有听到锁开动的声音。灰心丧气的他,精疲力竭地靠着铁牢的门坐了下来,结果牢门却顺势打开了。

其实,铁牢的门原本就没有上锁,那把挂在铁牢门上的看起来很复杂的锁,只是个样子罢了。小伙子向胡汀尼发起的挑战,只是故弄玄虚而已。牢门没有上锁,只是胡汀尼心里上了把锁。这位逃生专家,用自己的心困住了自己。

太过专注于自己的工作,没有目标地忙碌,反而收不到自己想要的效果。繁忙一旦占据了心灵,就会遮住观察的视线,使双眼看不到事情的本质真相。

生活其实就是这样,总爱跟人们开一些简单的玩笑。你越是急于成功,越是让你在没有方向的迷宫里徘徊。

抖掉身上的泥土

有一个农夫，家里有一口枯井，妻子对他说：“你去把这口井填了吧，不然孩子们玩耍的时候会很危险。”农夫想了想，觉得妻子说得很对，便准备去填这口枯井。谁知道，这时候正在吃草的羊却不小心掉进了井里。羊害怕得拼命叫喊，着急的农夫绞尽脑汁，想了各种办法来救羊。但几个小时过去了，羊还在井里痛苦地哀嚎着。农夫一点儿办法也没有了，只能看着羊在井底挣扎。

最后，这位农夫决定放弃，他想反正羊的年纪大了，不值得再大费周章把它救出来。不过无论如何，这口井还是得填起来。于是农夫请来很多人帮忙，一起将井中的羊埋了，既能免除它的痛苦，也能填上这口枯井。人们听说农夫需要帮忙，都背着铲子来到枯井边上，开始把泥土铲进枯井里。

当羊看到从井口掉下来的泥土时，惊讶极了，它知道之所以会有土掉下来，是因为主人要将它活埋。意识到自己所处形势的危险性，羊吓得大叫起来。要知道，这只羊虽然老了，但它并不想死，更不想被活埋。

人们忍着羊的喊叫声，继续往枯井里填土，但出人意料的是，这只羊渐渐地安静下来了。难道是羊已经认命了吗？好奇的农夫探头往井底一看，却看到一幅让他吃惊的景象：当泥土落在井底羊背上的时候，羊用力地将落在身上的泥土抖落在地上，然后再站到铲进的泥土堆上面。

就这样，羊不断地抖落身上的泥土，然后再站上去。井底的泥土越来越多，土堆得也越来越高，羊很快便上升到了井口。在大家的惊讶注视下，羊欢快地跑走了。

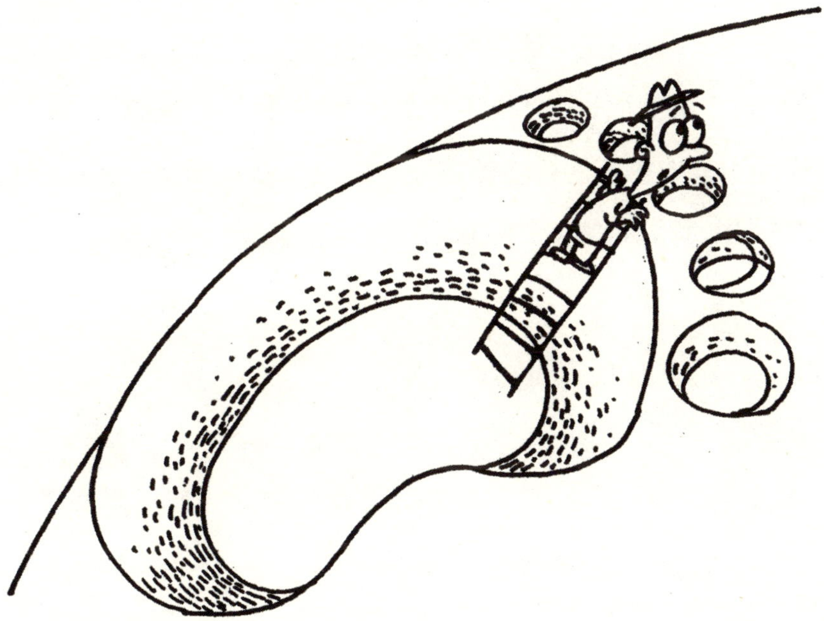

羊的举动很简单，抖落身上的泥土，将它踩在脚下而已。这个简单的举动，却成功地救了它的性命。

其实生活也是这样，有时候压力就好像羊身上的土，会让人感到害怕和惊讶，但当你找出这个现象的实际意义，摒弃那个浮在表面的假象时，你也能如羊一样，胜利地站到“井口”。

看似要活埋羊的举动，实际上却帮助了它。由于羊以积极的态度面对险境，它成功地改变了自己的命运。如果我们能以肯定、沉着、稳重的态度面对困境，就会发现助力往往就潜藏在困境中。

在漫长的生命旅程中，我们难免会陷入“枯井”里，也会有像羊一样的遭遇，有各种各样的“泥沙”倾倒在我们身上。如果想要从“枯井”中逃生，脱困的秘诀就是：抖落落在身上的“泥沙”，然后站到上面去！

事实上，我们在生活中遭遇的种种困难、挫折就是加诸我们身上的“泥沙”；然而，换个角度看，它们也是我们的垫脚石。只要我们锲而不舍地将它们抖落掉，然后站上去，那么即使是掉落到最深的“井”里，我们也能安然脱困。

第五章

简单对待，就没有复杂

◎ 爱人之心
◎ 一加一等于几
◎ 咸淡皆宜
◎ 闲事莫挂心头
◎ 泡茶师和剑客的剑术比赛
◎ 想象出来的困难
◎ 胡子放在哪儿
◎ 简单还需换个位

事情的复杂或者简单，不在事情本身，而在于你对待事情的态度。顺从自己的内心，不要被外界的杂乱所迷惑。拥有从心出发的简单，才能解决遇到的困难。简单的人自然生活在简单的世界中，即所谓的“看山是山”。

爱人之心

这是发生在英国的一个真实的故事。

有一位孤独的老人，膝下无儿也无女，体弱多病的老人准备搬到养老院去住。去养老院之前，老人决定把自己住的漂亮房子卖出去。得知这一信息，很多人蜂拥而至。老人出的底价是 8 万英镑。但由于想买的人太多，价格很快就被炒到了 10 万英镑，而且还在持续攀升中。

老人并没有因此感到高兴。他独自坐在房里的沙发上，心里充满了忧伤。如果不是自己的身体状况每况愈下，他是不会卖掉这座房子的。这座房子陪了他大半生，充满了他对过往的美好回忆。

一天，一个衣着朴素的年轻人来到老人家里。他弯下腰，对坐在沙发上的老人诚恳地说："先生，您的这所房子，我也很想买，可我只有 1 万英镑。但是，您如果可以把它卖给我，您就不用搬到养老院去住了。我保证让您继续生活在这里，我们一起喝茶、读书、散步，每天都可以快快乐乐地度过。先生，请您相信我，我会用自己的整颗心来照顾您的。”

老人听了年轻人的话，一改往日的忧郁，欣然以 1 万英镑的价格把房子卖给了他。

完成梦想，不一定要靠费尽心机的尔虞我诈，也不一定要靠残酷无情的厮杀。有时圆梦很简单，只要你拥有一颗爱人之心就可以了。人生很多时候，爱别人就是爱自己，帮助别人也就是帮助自己。

一加一等于几

有个刚刚修行的小沙弥，为了能尽快修成正果，对自己的言行要求十分苛刻。无论走路还是睡觉，他都严格按照教义执行。师兄们看到小沙弥这样的举止，都提醒他修行并不是要自己捆绑自己，而是获得心灵的自由。可小沙弥却不屑一顾，他坚信要想获得好的修行，就必须这样严苛地对待自己。

就这样，很多年过去了，小沙弥还是一个小沙弥，修行上没有任何进步。他百思不得其解，就跑去问自己的师傅。

师傅看到小沙弥迷茫的脸，只是给他出了一道题：一加一等于几？

小沙弥听到这样的问题，非常意外，他觉得以师傅的修养和素质不可能出这么简单的问题，肯定有深层次的意义。于是，小沙弥绞尽脑汁，快速地思索着问题的答案。

时间在钟表的嘀嗒声中慢慢过去，已经过了一个小时了，小沙弥的头上沁出了冷汗，可他还是没有说出答案。其实小沙弥想到了很多可能性，甚至连最复杂的计数原理都用上了，他越思索越觉得这道题非常不简单，于是更加不能确定答案，也不敢把自己已有的答案说出口。他充满疑惑地对师傅摇了摇头，失望地说自己不会。

师傅看了看他，说："我给你两天时间，你再好好想想，一加一等于几？"

之后，小沙弥就神情疲惫地走出了师傅的房间。

两天的时间，小沙弥不眠不休，试尽了各种方法，还是不能确定一加一到底等于几。最后，他像两天前一样对师傅说自己不会。

师傅看到小沙弥苦恼的样子，说："一加一不就是等于二吗？"

听到这个答案，小沙弥表情愕然，他拍着自己的脑袋，百思不得其解。

师傅笑笑，说："其实这本来就是一个很简单的问题，只是你把它想复杂了。一加一不就等于二吗？哪有你想象的那么复杂？"

其实，人生也是这样，有时候我们感到负担重，完全是自己造成的。生活简单一点，思想简化一点，负担也就轻了，闲适的感觉也就找到了。

有个国王想考核王子是否有资格继任王位，便问了王子一个问题："什么事情能一下子使世界黑暗，又有什么事情可以一下子使世界明亮？"

王子苦心思虑了好多天，始终想不出答案。博览群书之后，他回答说是"仁政"，国王听后说："虽然你回答得也对，施行仁政能为百姓带来光明，丢掉仁政就会带给百姓黑暗，但我的答案是'眼睛’。眼睛一睁开世界就明亮了,一闭上就变黑暗了。”

我们在生活中难免会遇到很多问题,其实有些问题的答案很简单,只是我们总习惯于往复杂处去想。人,一旦自己束缚住自己的内心,就容易偏离真相。简单一点,才能免于诸多烦恼的困扰。

咸淡皆宜

近代高僧弘一大师隐居在山上时，他的好友、著名的散文大家夏丏尊前来拜访他，两人谈得特别高兴。等到吃饭的时候，弘一大师只给两人配了一道咸菜。

夏丏尊忍不住问他说："难道没有别的菜了吗？只有咸菜不会太咸吗？"

"咸有咸的味道。"弘一大师回答道。

吃完饭后，弘一大师又给两人分别倒了一杯开水喝，夏丏尊这时又忍不住问："怎么只喝这么平淡的开水呢？没有茶叶吗？"

弘一大师笑着说："开水虽淡，可是淡也有淡的味道。"

其实，不管是咸菜的"咸"，还是白开水的"淡"，都可用来比喻我们人生中遇到的事情与境况。面对这种种滋味，我们应该学会坦然接受，而不是复杂地要去调和。让生活没有复杂，在简单的"咸"和平凡的"淡"中悠然度过，才能称得上快乐生活的最高境界。

无论你的人生是“咸菜”还是“白开水”，只要拥有简单接受、坦然面对的心，就能远远逃离内心暗礁引发的沉船，就能多一些平和，多一些幸运。漫漫人生路上，我们需要品尝各种滋味，体验各种心境，这才是圆满的人生。

只有超越了咸与淡的界线，才能深切体会咸菜的好味道，才能真正品味白开水的真清甜，这是值得每个人去学习的最高的人生境界。

闲事莫挂心头

以前有个小和尚,跟随当时最著名的禅师修行。出家之初,小和尚心里想:别人学禅也许需要很长时间,但我跟随的是著名的高僧,肯定比别人快很多。

可是,事实却并不是这样。

足足有三年的时间,禅师没有给小和尚传授过什么高深的佛理禅机,只是要求他打柴炊爨,挑水作羹。小和尚别说是修得成果,就连禅师一言半语的法要也不曾听过。

小和尚实在无法解开心中的疑惑,就对禅师说:“师父! 自从弟子跟您出家,到现在已经有三年的时间了。可是,这三年来,您一次也没开示过我。还请师父慈悲,传授弟子参禅修道的法要吧!”

禅师听了小和尚的话,立刻回答道:“你这样讲,实在是冤枉师父了啊! 你仔细想想,这三年来,我何曾间断过传授给你修道的法要呢?”

思索了一会儿，小和尚回答道：“弟子实在愚笨，不知道师父这几年传授给了我什么。”

禅师解释道：“平日里，你捧上茶水给我，我为你喝；你端上饭菜给我，我为你吃；你见到我时双手合掌，我也会向你点头，我何曾

有一天懈怠过？这些，不都是在向你传授指示吗？”

小和尚听了这番话，幡然开悟。

其实，道理很简单，禅即生活。日常生活中的搬柴运水、喝茶吃饭，都包含着无限的佛理和禅机，都是有境界的，这种境界因为平凡而更显深邃。禅心不离生活，修禅即是感悟生活。

无门慧开禅师有一偈：

春有百花秋有月，
夏有凉风冬有雪。
若无闲事挂心头，
便是人间好时节。

世界其实很简单。只是人们把自己的心打结了。简单的平凡境界，是不需要“闲事挂心头”的。如果一个人总是将原本简单的生活弄得特别复杂，内心充满着不必要的动荡、不安和烦恼，纵使最后权倾一世，富可敌国，名满天下，自身也永远难以融入简单的平凡世界，难以领略那种美好的境界。

赵周禅师的一位弟子曾经诚恳地向他请教：“我感到非常迷茫，找不到方向，师父请给我一点指示吧！”

赵周禅师只问了一句：“你吃过饭了吗？”

弟子不明所以地回答说：“吃过了。”

“那么就去洗碗吧！”

听到赵周禅师的回答，那个弟子当下就开悟了。那么，你呢？

泡茶师和剑客的剑术比赛

在日本江户时期，有一位很得皇室器重的泡茶师。有一天，茶师去王府做客，由于王爷中途有事，茶师就自己在王府游玩。一时兴起，茶师借来了武士的衣服，打扮成武士的样子上街闲逛。正当他悠闲漫步之时，迎面走来一位真正的武士。在那个时期的日本，如果两个武士相遇的话，一般都会比试一番，一来切磋武艺，二来为了成就武士地位。碰到了真的武士的茶师，吓得头都不敢抬起来。

武士见茶师很惊慌，认为这个人的剑术肯定很差，就自豪地说："拔出你的剑，我们来比试一番。"听到武士的挑战，茶师心想：若跟武士比武我一定会死，但是即使死我也要死得漂亮，不能辱没自己著名茶师的身份，我应该去学一招最漂亮的剑术，那样的话，我就能拥有一个漂亮的赴死姿态。于是，茶师就对武士说："现在，有一件很重要的事等着我去办，等我办完了这件事，就会来赴你的比武之约。"武士答应了茶师的请求。

一心求死的茶师找到了全国最著名的剑道大师，恳求道："大师，请您教我一个死得最漂亮的姿势。我是一个茶师，不懂剑术，但是我接受了别人的挑战。比武时，我一定会死在武士的剑下，但是我一定要死得符合自己的身份。"

这位剑道大师认识茶师，知道他是全国最好的泡茶师。大师并没有急着传授武术给茶师，而是让茶师先给他泡一壶茶喝。

茶师想到也许这是他这辈子最后一次泡茶了，必须要拿出毕生功力。于是，他专注地洗茶、冲泡，整个人的精神完全投入到了泡茶中。剑道大师喝了茶后非常感动，他这辈子还从没喝过这么好喝的茶。

剑道大师享受完茶之后，对茶师说："剑道其实很简单，关键在于一颗心。如果你能把你刚才泡茶的心用于比武,你也一定会是一个一流的武士。”

茶师听了后,立即领悟。

他来到相约比武的地方,把腰带扎紧,高举起剑,两只炯炯有神的眼睛紧紧盯着武士。武士看到茶师的姿势,心里大吃一惊:没想到对手的武功这么高强。他吓得把剑一丢,飞快地跑开了。

茶师没有用任何复杂高超的技术,仅凭着一颗尽量使一切完美的心去迎战,就获得了胜利。

国外有句谚语:“The simple is the best.”意思是,简单的就是最好的。然而,这个最好的“简单”往往是我们最难做到的。

想象出来的困难

有一个心理学专业的学生，毕业后去哈佛大学深造。在哈佛，他碰到很多成功人士，有学术界的权威，有商业界的神话，还有诺贝尔奖的获得者。这个学生喜欢和这些成功人士聊天，通过交流，他发现这些成功人士都有一个共同的特点，那就是幽默风趣，他们把自己的成功看得非常简单和自然，是顺理成章的事情。在他们眼中，无论是谁，只要去做，就能和他们一样取得成功。

这个学生惊讶极了，因为他之前接触的成功人士给他的印象并非如此。自己国家的人们几乎一致认定，成功是一件很困难的事情。这时候，学生才发觉自己被之前的成功人士欺骗了。

那些人为了让正在创业的人知道创业的困难，让他们知难而退，刻意将自己的创业艰苦程度夸大化。他们不是在激励人们创业；相反，他们在用自己的经历吓唬那些还没有取得成功的人。这个学生决心改变这种局面，他想告诉大家成功并不像人们想象的那么难，有时候，失败并不是因为事情本身有多难，而是人们因为恐惧而不敢迈出第一步。

学生从哈佛大学毕业后，将自己的研究成果编写成书，交给了出版社。出版社编辑看完之后，认为这个观点非常新奇，因为成功很难几乎已是公认的事实，没有人对此产生过疑问。

后来，这本书鼓舞了很多人，它从一个全新的角度出发，鼓舞人们取得成功。“劳其筋骨，饿其体肤”的苦练修行、“三更灯火五更鸡”的辛勤劳作、“头悬梁，锥刺股”的自身折磨与成功并没有必然的联系。成功其实没有想象的那么难，只需你对自己从事的事业感兴趣并长久地坚持下去。上天赋予你的时间，生命赠给你的智慧，足以让你成功地去做一件事情。

这是一个真实的故事。这个青年后来获得了成功，成为韩国泛业汽车公司的总裁。

世间事之所以看似困难重重，有时候只是我们自己想象出来的。其实，想成功很简单，只需跟随自己的兴趣，想做就去做。只要有心去做，行行都可出状元。跟随兴趣，持之以恒，你终究会发现，上天自有它的安排，一切事情都会水到渠成。

胡子放在哪儿

一位80多岁的老人，很喜欢留胡子。他的胡子有几年没有剪，已经有半米长了。花白的胡子被他打理得很漂亮，常常惹来别人或惊讶或羡慕的目光。为此，老人心中十分得意。因为留有这么长的胡子，老人的生活里也多了许多乐趣。

平日里，老人闲来无事，总喜欢坐在自家的院子里。上学的孩子们从他的家门口路过，看到这位留着白胡子的老爷爷，总喜欢围着他，摸摸他的长胡子。一天，一个天真可爱的小男孩问他："爷爷，您的胡子真好看。但是，它这么长，晚上睡觉时您把它放在哪儿呢？放在被窝里，还是放在外边？"

这本是一个简单的问题，但是老人仔细考虑了一下，却没能想出答案。他对这个小男孩说："小朋友，你这个问题我明天回答你吧。"

当天晚上，老人睡觉时就开始注意自己把胡子放在什么地方。但是不知道为什么，不管把胡子放在哪儿，他都觉得没有以往那么舒服。一整个晚上，老人都在寻找平时放胡子的位置，但是始终感觉不对。就这样，一个晚上过去了，老人也没能找到答案。第二天，小男孩来找他要答案时，他只好说："你的问题，过了今天晚上我再回答你吧。"

到了晚上，老人又像前一晚那样，注意着自己胡子放置的位置。不幸的是，一夜过去了，他还是没找到答案。

到了第三个晚上，老人本想继续寻找答案。但是，已经两天两夜没有睡着的他，实在熬不住了，不知不觉就睡着了。等到天亮的时候，老人醒来一看，发现自己的胡子一部分在被子里，一部分露在外边。他这下终于找到了答案。

"天下本无事，庸人自扰之。"人生中的大部分烦恼，其实都来源于人们对细琐小事的过分在意，来源于人们自身的患得患失。刻意地去做，去追求，也许并不能收到良好的效果。有时候，顺其自然，方能"得来全不费功夫"，这才是最简单却最有用的道理。

简单还需换个位

一位父亲总是觉得自己儿子思考问题的方式过于单一,为了锻炼儿子多角度思考问题的能力,他常常出一些问题来考验儿子。

一天,这位父亲想起一个自己以前做过的智力题,就问在一旁看书的儿子:"儿子,一张四个角的桌子,砍去一个角,还剩几个?"

儿子听了,毫不犹豫地回答:"三个。"

父亲知道儿子肯定会这么回答,忍不住在心里叹息儿子过于单一的思维方式。他进一步引导儿子:"你再仔细考虑一下,难道不应该是五个吗?"

儿子不同意父亲给出的答案,坚持自己在课堂上学习的数学原理,对父亲说:"四减一,明明就等于三啊。"

为了向儿子证明自己的答案是正确的,父亲拿出一张正方形的纸片和一把剪刀,他用剪刀剪去纸片的一角,对儿子说:"桌面就像这张纸片,我现在剪去了其中的一个角,你数一下,难道不是剩了五个角吗?"

儿子想了一会儿，明白这是父亲在跟自己玩智力游戏，于是他放下手中的书，也拿出一张纸片，用剪刀沿着纸片的对角线剪了下去，对父亲说："你那样剪，当然是五个角。但是，我要是这样剪呢？这样不就是三个角了吗？"

父亲看着儿子拿着的纸片，一时间陷入沉默。但是，片刻之后，父亲却又突然间想起了什么，他对儿子说："你说得没错，不过你再想想看，除了这两种可能，还有没有其他的可能性了？"

儿子听了父亲的建议，又拿出一张新的纸片，用剪刀不停地比划着。几分钟过去了，儿子兴奋地说："剪去一个角，还可能仍剩下四个角。"

说着，他拿起手中的剪刀，从纸片的两个端点之间的任意一处开始，将另外两个端点中的一个剪下，这样一来，纸片仍留下四个角。

看着纸片，儿子和父亲都笑了。

生活中，我们之所以对很多事情不能举一反三，是因为我们习惯了按常规的思维去考虑问题。逃不出思维的窠臼，就永远找不到解决问题的有效方法。多方位去观察，多角度去思考，多手段去实践，才是寻找问题答案最简单的秘诀。

第六章

简简单单，哪来的埋怨

- ◎ 为生命画一片树叶
- ◎ 让步的奥秘
- ◎ 都是属于你的
- ◎ 此生故彼生
- ◎ 晴天和雨天
- ◎ 苦难与不幸

昔日寒山问拾得曰："世间谤我、欺我、辱我、笑我、轻我、贱我、恶我、骗我，如何处治乎？"

拾得云："只是忍他、让他、由他、避他、耐他、敬他、不理他，再待几年你且看他！"

——［唐］寒山、拾得：《寒山拾得忍耐歌》

为生命画一片树叶

世界三大短篇小说巨匠之一欧·亨利，在《最后一片叶子》中讲述了这样一个故事：

在一所医院的一个病房里，住着一位病入膏肓的病人琼西。透过房间的窗户，能看到生长在院子里的一棵常青藤。秋天来了，常青藤的叶子随着秋风一片片飘落下来。琼西望着不断掉落的叶子，十分伤感。她对朋友苏说，等到最后一片叶子掉落下来，她的生命也就随之结束了。苏把琼西的话告诉了贝尔曼，一位年老的画家。为了带给琼西希望，这位年老的画家用彩笔画出了一片永不凋落的常青藤叶。经历了风吹和雨打，这片叶子始终留在常青藤的枝干上。看到那片树叶一直安然地长在那里，琼西又对生命充满了希望。

最后，奇迹发生了，琼西战胜了病魔，恢复了健康。

人可以没有任何东西，却唯独不能没有希望。希望是人类生活中必不可少的，希望在处，生命就生生不息！

智慧的老人们都说，人生下来就哭，是因为人一生下来便意味着一生的辛劳，因此就先痛快地哭一场。

虽人人都知生命之苦，却都甘之如饴地祈求生存下去，甚至渴望长生不老。就连那下了凡的妖怪，也想要得道成仙，永远保存“生”的气息。

可见，生命不过是寄予在“希望”二字之上。为了使“希望”能长久，人们便要睡眠；为了能达成这“希望”，便学会了笑，学会了为“希望”做出种种改变。不要埋怨生活中的不幸，坚守自己内心的希望，就能战胜一切困难。

人如此，企业也是如此。任何一家公司，如果从员工到老板，人人心中存了同一个希望，人人愿为这希望付出所有，那么随之而来的微笑服务也好，遇到困难蛰伏生存也罢，都是轻而易举的事情了。难就难在，只有少数伟大的企业家懂得怎样去给大家创造同一个希望。

让步的奥秘

都说世界纷繁复杂，却很少有人意识到，那些纷繁和复杂其实根源于人类自身，然后又被自身所感知。世界就像一个容器，任凭里面的人费尽终生的力量随便折腾，它仍保有自己的模样。

走在大街上，处处可以听到人们的抱怨——抱怨同事，抱怨老板，抱怨命运不济，抱怨时世不佳。这些抱怨来自哪里？多半来自一颗好争之心，挣更多的钱，争更高的地位。得之高兴，不得便痛苦抱怨，人人如此，皆不懂得让步的道理。

春秋战国时期，诸侯争霸，战乱不断。齐赵之战中，孔青奉赵王的命令，赶往前线救援廪丘。孔青本就是赵国的一员猛将，加上身边有足智多谋的宁越辅佐，很快，赵国的军队便打败齐军。他们不但杀死了齐军的统帅，缴获了千余辆战车，同时还俘获了 3 万多名伤兵。

为了彰显赵国的雄威，孔青打算把齐国的伤兵全部活埋。宁越得知孔青的这一想法，赶忙前去劝阻。他对孔青说：“我们不宜用这种残忍的手段，况且这样做很可惜。那些伤兵还有用处呢，我们还是把这些伤兵还给齐国吧。”

孔青不解地问道：“为什么要还给齐国呢？”

宁越回答：“这样一来，我们就可以从内部打击他们了。不但不费我们的一兵一卒，还可以让齐军不敢再进犯我国。”

“这些伤兵，不是缺胳膊就是少腿的，怎么能从内部去打击齐国呢？”孔青更加不解了。

“我所说的从内部打击齐国，是指让他们的战车和铠甲在战争中耗尽，府库里储存的钱财在医治伤兵和安葬死者时用光。该坚守时坚守到底，该撤退时毫不犹豫，这才是善于用兵之人该做的。咱们现在应该给齐国一个接收伤兵的机会。”

听完了宁越的话，孔青大致明白了他的用意。但是他考虑了一下，接着问：“想法是好的，但是就怕齐国人不接收这些伤兵啊。若是他们不接收，计划岂不是进行不下去了？”

宁越却丝毫不担心，他胸有成竹地说：“带兵作战，却打了败仗，这是他们的第一条罪状；众多的士兵为了保护家园外出作战，结果不能全身而退，这是第二条罪状；我们给了机会让他们接收受伤的士兵，若是他们不收，这就是第三条罪状。这三条罪状加起来，足以让齐国的老百姓怨恨官府和朝廷了。即便他们不接收，这些来自民间的怨恨，也足以从内部打击齐国了。”

孔青终于完全理解了宁越的良苦用心。原来，这简单的“让步”里面大有文章。

生活当中，要有让步的胆识。要知道，有时候让步不是懦弱的表现，它是更接近成功的一条路径。譬如把拳头缩回去再出击，才会更有力量；譬如拔河，退后一步才会更远离失败。

都是属于你的

有一段时期，由于释迦牟尼的伟大召唤，四方人士都潜心修行。有一个婆罗门非常生气，因为他同族的人也都出家到释迦牟尼这里来了。终于，他忍不住冲进释迦牟尼修行的精舍来质问他。

释迦牟尼默默地听完婆罗门的无理责骂之后，并没有生气，而是给他泡好一壶茶，等他心情平静时才开始和他谈话。

释迦牟尼问婆罗门："婆罗门呀，难道你的家里不会有访客吗？"

婆罗门听到释迦牟尼问这个不相干的问题，虽然莫名其妙，还是自然地回答道："当然有，你怎么会这么问？"

释迦牟尼继续问道："那么，客人来的时候你也会做一些好菜款待客人吧？"

婆罗门笑着说："我是一个热情好客的人，款待客人是自然的事情。"

释迦牟尼继续问："婆罗门，我再问你，如果拜访你的客人不接受你的款待，那么，你做好的菜肴应该属于谁呢？”

婆罗门思考之后回答说：“如果客人不吃那些菜肴的话，那它们自然还是属于我。”

释迦牟尼慈祥地看着婆罗门说：“同样的道理，尽管你今天在我面前说了很多坏话，但是我并不接受它们，所以，就像是客人没有享用的菜肴一样，这些责骂和坏话还都是属于你的！我不接受你的责骂，就如同没有接受你的菜肴，不对你恶语相向，也就犹如没有和你一起用餐。”

看着婆罗门似懂非懂的样子，释迦牟尼又继续说了下面的偈语：“对愤怒的人，以愤怒还牙，是一件不应该的事。对愤怒的人，

不以愤怒还牙的人，将可得到两个胜利：知道他人的愤怒，而以正念镇静自己的人，不但能胜于自己，也能胜于他人。”

对别人的宽容就是对自己的慈悲，埋怨和谩骂是带着倒刺的利刃，终归会伤害到自己。

此生故彼生

有这样一首偈语：

此有故彼有，

此生故彼生。

此无故彼无，

此灭故彼灭。

这个偈语说的道理很简单，举例来说，假如两根棍子靠在一起，其中一根倒下的话，另一根也会跟着倒下。

这就是万物同出一源的“缘起法”。世界上的一切事物都是相互依赖而生存的，彼此间有着千丝万缕的联系。伤害了一边，另一边也会跟着受损。同样，帮助了一个事物，与这个事物有联系的另外一个事物也必定获得帮助。

在生活中，有的人为达到自己的目的不择手段地伤害别人，认为这样自己就能获得利益。其实，这种想法是错误的。看似在损害别人，其实自己的福报也随之减少，那些不好的作用力统统都会反作用到自己身上。

同样的道理也适用于埋怨。埋怨的虽然是别人，但一直起伏不定的却是自己的心情。因埋怨而产生的不良情绪影响了自己的处事方法和待人态度，反倒给自己招来责备。这样的事情，在我们的身边时有发生。许多人因此而受到责备的时候，不知道从自身找原因，反而回头去埋怨别人，从而陷入了恶性循环之中。

埋怨别人，就是对自己有所不满；伤害别人，就等于间接地伤害自己；帮助别人，则是从另外一个角度在拯救自己。这些都是生

活教给我们的道理。如果每个人都能透彻地参悟这些道理，那么世间就会少许多埋怨。

不幸的是，许多人都不明白这些道理，他们深陷在埋怨的深渊里不能自拔，错失了生活中的许多美好和快乐。而那些伤害他人，为了自己的利益而疯狂的人，最终也会走上一条不归路。还有些人自以为聪明地找出了一个中庸的方法——自己不去做坏事，不去伤害人，却指使其他人去做这些事情，岂知却还是聪明反被聪明误。

人应该学会的是帮助别人。人与人之间最不能缺少的就是互相帮助，一个人的力量有限，而大家的力量则无法预计。因此，无论处于什么样的境况，我们都应该互相帮助，舍弃伤害与斗争。水与火虽然互不相容，但却可以调和。同样，如果我们能透彻地领悟"同生共死，同甘共苦"的真理，舍弃害人的武器，互相合作，携手向前，就能最终走进简单、祥和、快乐的极乐世界。

一天，有个小孩问爸爸："爸爸，天堂和地狱分别是什么样子的？"

爸爸说："天堂是一个靠帮助存活的地方，地狱是一个不懂得帮助是什么的地方。"

孩子不理解，爸爸便画了两幅画，画中的人都围着一张桌子吃饭，他们的手里都拿着一个很长的勺子。一幅画中的人都拿着自己的勺子喂别人，个个都喜笑颜开，红光满面。而另一幅画中的人则拿着勺子拼命往自己的嘴巴里递，因为勺子太长了，他们怎么也吃不到勺子里的食物，因此个个都很苦恼。尽管饭桌上的饭菜比前一幅画中的丰盛很多，但是他们却都饿得皮包骨头。孩子看着两幅画，终于明白了爸爸讲的道理。

让我们先帮助伤害自己最深的人吧！那么，由和平、自由、庄严组成的生活乐园将会充满永恒的幸福。

晴天和雨天

幸与不幸其实是一体的，就看你从什么角度去观察。设身处地地站在别人的立场上看一看，也许你的心态立刻就会改变。

有这样一个常被人提起的故事。

一个老太太有两个儿子，大儿子是卖皮鞋的，小儿子是卖伞的。两个儿子的生活过得都不错，对老太太也很孝顺，但是老太太却整天愁眉苦脸的。

下雨的时候，老太太站在窗前不断地叹气，路过的邻居问其原因，老太太说："雨下得这么大，谁还会去买我大儿子的皮鞋呢？"

天气晴朗的时候，老太太站在自己的院子里，仍然不住地叹气，路过的邻居又好奇地问她原因，老太太回答说："天气晴了，谁还会去买我小儿子的雨伞呢？"

这位邻居听完忍不住笑了，对老太太说："您应该这么想：下雨了，就会有很多人去买您小儿子的雨伞；天气晴了，又会有很多人去买您大儿子的皮鞋。这样一想，无论雨天还是晴天，不都是令人高兴的吗？”

同一件事情，思考的角度不同，得到的结论也不尽相同。生活原本就是简单的，晴天就想晴天的好，雨天就想雨天的乐，简简单单才无畏忧愁。

苦难与不幸

一位老人家里住了一个年轻的房客，这个年轻人虽然有着不错的工作，却终日忧心忡忡，好像没有什么事情能够让他开心。相反，房东老人却每天都很乐观、爽朗。

一个周末的下午，年轻人觉得无聊，看到老人坐在院子里喝茶，便坐下来跟老人聊天。在聊天的过程中，年轻人才知道，原来老人的一生颇为坎坷。老人年轻时，恰逢战乱，在战争中，他失去了所有的亲人。更加不幸的是，在一次战役中，老人的一条腿也被炸断了。战争结束后，老人开始自己做生意，因为投资失败，负债累累，妻子忍受不了生活的重担，离他而去。后来，生活渐渐好起来了，但是相依为命的儿子又被病魔夺去了生命。

听完老人的讲述，年轻人实在想不明白，为什么老人经历了这么多苦难和不幸，却依然有这么乐观的精神和爽朗的心境。想到自己平日里被各种烦恼纠缠，他忍不住问老人原因："您的人生真是充满了磨难，但是为什么从没看见您伤感过呢？"

听了年轻人的询问，老人指着旁边树上的一片叶子，问："你看到这片树叶了吗？"

年轻人点点头，老人又问："你看它像不像一颗心？"

年轻人看了看叶子的形状，的确很像一颗心，于是对老人点了点头。

"你看清它的面貌了吗？"老人又问。

年轻人仔细观察那片树叶，发现叶子上面布满了孔洞，仿佛被人故意用针扎过一样。年轻人把这一发现告诉老人，不明白老人让他仔细看树叶的目的。

“这片叶子，在春风的吹拂中发芽，在温暖的阳光中逐渐舒展自己的身体。从春寒料峭到现在的深秋，它经历了蛀虫的啃噬，经历了风吹日晒，经历了雨淋霜打，现在虽然已经千疮百孔，但它依然挂在枝头。你有没有想过它为什么能坚持到现在？”老人又问。

年轻人摇摇头。

“因为它对依靠的树木充满了爱，对阳光和泥土充满了爱，对清风和雨露充满了爱。相比生命里的这些珍爱，那些打击又算得了什么呢？”老人平静地回答。

生活，其实总是以最简单的姿态呈现给我们。想要过好自己的人生，也只需以最简单的心态回报生活即可。珍惜所爱，坚持所爱，关上通往痛苦的门窗，就会看到美丽的风景。幸福生活，其实就是这么简单。